y-knot

これからの
教育社会学

相澤真一・伊佐夏実・内田良・徳永智子　著

Musubu

有斐閣

デザイン　高野美緒子

　本書は，教育について，大学ではじめて学ぶ方向けに，教育社会学の基本的な考え方と知識が身につくように編まれた教科書である。また，教育学の学部学科や教職課程に所属し，教職を志望する学生だけでなく，広く教育社会学を学びたいという学生・教員・社会人の方にも開かれたテキストである。「学問を通して社会とつながる」という y-knot シリーズのコンセプトを踏まえ，自己紹介や誰しもが経験する学校の例をはじめとして，身近な事例から教育社会学の基礎を理解する説明を心がけた。

　教育社会学のみならず，教育学を学んで最初に理解すべきことは，「あなたが受けてきた教育は唯一の教育ではない」ことと，「すべての教育は万能ではない」ことである。教育社会学は，この2つのことを理解するために，社会学という学問からさまざまな補助線を引いて，社会との関係のなかで，教育を理解しようとする。この説明を読んで，教育社会学っておもしろそうだなと思った人だけでなく，「何を意味するかよくわからないけどちょっと気になった」人もぜひ本書を手にとって先まで読んでほしい。

　大学で学ぶ学問は，高校までで学ぶ科目の内容以上に，流動的に変化するし，必ずしもやさしいものから難しいものにきれいに配列されているわけではない。それは，大学で学ぶ学問が進行中の新しい知を生み出す研究活動によって常に書き換わりながら成り立って

いるからである。教育学や教育社会学も例外ではなく，本書の執筆者4名も大学で教育社会学について，研究と教育の両方を行っている。本書は，教育社会学の基本事項や古典的な事項を踏まえつつも，本書を生かして，教育や他分野で仕事に携わる際に，皆さんの未来にアイディアを提供できるトピックを意識して選んでいる。

　教育社会学は，研究としては，エビデンスを示しながら議論することを重視している。現実世界からエビデンスを収集するために，多くの教育社会学の研究者は，**社会調査**を行う。社会調査の手法はさまざまにあるが，大別して，質問紙調査（アンケート調査）などを用いて数字となったデータを扱う**量的調査（定量的調査）★**と，インタビューやフィールドワークを用いた**質的調査（定性的調査）★**がある。本書の本文やコラムでは，このような社会調査の仕方の基礎的な話題にも触れている。本書を通じて，社会調査をして，アウトプットをすることに向けた基本事項についても学ぶことができる。

　本書は，4人で執筆した4部構成となっている。第1章から順番に読むことを想定して編集しているが，関心のある部や章について先取りして読んでもらっても問題なく読めるだろう。

　本書は，教職課程のカリキュラムの「教育の基礎的理解に関する科目」のうち，「教育に関する社会的，制度的又は経営的事項」を扱う科目として，また，社会科，公民科における「教科及び教科の指導法に関する科目」の社会学の一科目の教科書としても使えるように，内容を配慮している。

　本書を「教育の基礎的理解に関する科目」で用いる場合には，教育に関する社会的事項，制度的事項，経営的事項について，主に第Ⅰ部と第Ⅲ部で基礎的知識に触れている。基本的な仕組みをこれらの部で理解しながら，家庭について第Ⅱ部で，地域をはじめとする

学校外の事柄を第Ⅳ部で扱っているため，現行の教職課程のカリキュラムが定める「学校と地域との連携」「学校安全への対応」に話題を展開することが可能である。

　一方「教科及び教科の指導法に関する科目」の社会学の一科目として用いる場合は，**第1章**で，社会学の考え方について導入的な説明をしているので，そこをまず理解したうえで，関心のあるトピックを読んでいくとよいだろう。つづく章では，教育社会学の基本的な教科書をイメージしつつ，階層と不平等の社会学，家族社会学，ジェンダーの社会学，福祉社会学，子ども社会学，社会問題の社会学，メディア社会学などにも展開できる基本的なトピックについて触れている。このように本書は，教育社会学の教科書としてだけでなく，周囲の身近な例を用いた社会学の教科書・副読本としても活用可能である。

　本書を通じて，教育社会学のアウトプットに寄与できる工夫をいくつか行っている。各章冒頭のクイズに加えて，出版社を通じて提供されるウェブサポートには各章の事前課題なども収録したので，ぜひ学修を進めるうえでの参考にしてほしい。また，各章には，演習問題と読書案内をつけておいた。演習問題は，各章の内容を踏まえて，小レポートの課題となるようなものを入れてある。読書案内は，教育社会学や関連分野の書籍について入門書だけでなく，専門的に学ぶのに入口となるような文献も入れている。本文の引用文献と合わせて，興味のあるものは積極的に参考にしてほしい。書籍末尾のキーワード解説は，教育社会学の基本概念として重要と考えられるものの，本文では言及しきれなかった用語を中心に収録した。索引と合わせて基本概念の確認に活用してほしい。

　本書執筆にあたっては，有斐閣編集部の松井智恵子氏，堀奈美子氏に大変お世話になった。2021 年に企画を開始した折から，礒尾奈加子氏（慶應義塾大学大学院）に草稿の検討会の書記と作業のとりまとめについて，大変なご助力を賜った。記して感謝申し上げる。

　　2022 年 10 月

　　　　　　　　　　　　　執筆者を代表して　相澤　真一

// ウェブサポートページ //

　学習をサポートする資料を提供しています。下記の QR コードからご参照ください。

https://www.yuhikaku.co.jp/yuhikaku_pr/y-knot/list/20003p/

// キーワード解説 //

　本文中の★印のついた用語は巻末に解説を掲載しています。

目　次

第 10 章イラスト：こぴょ

著 者 紹 介

相澤　真一（あいざわ　しんいち）　　　　　　　担当　第Ⅰ部
上智大学総合人間科学部教育学科准教授
主　著
『〈高卒当然社会〉の戦後史』新曜社，2014 年（共著）。『子どもと貧困の
戦後史』青弓社，2016 年（共著）。『音楽で生きる方法』青弓社，2020 年
（共著）。

🙰 読者へのメッセージ 🙰

　教育社会学は，人が社会で生きるうえで，今まで気づかなかった生き
づらさに気づくかもしれないけれども最後に希望が残るパンドラの箱の
ような学問だと思います。この本を通じて，一緒にパンドラの箱を開け
てみませんか？

伊佐　夏実（いさ　なつみ）　　　　　　　　　　担当　第Ⅱ部
宝塚大学看護学部准教授
主　著
『学力を支える家族と教育戦略』明石書店，2019 年（編著）。「子育て家庭
を内側からみる」『社会と調査』28：35-43 頁，2022 年（共著）。「難関大
に進学する女子はなぜ少ないのか」『教育社会学研究』109：5-27 頁，
2022 年。

🙰 読者へのメッセージ 🙰

　これまでの自分の教育経験について，何かもやもやとした違和感や疑
問を感じたことのある人のほうが，もしかするとこのテキストの内容に
共感するかもしれません。教育社会学の対象は非常に幅広いので，その
魅力に気づいた人はぜひ，関連する文献をたくさん読んでください。

内田　良（うちだ　りょう）　　　　　　　　　　　　　担当　第Ⅲ部

名古屋大学大学院教育発達科学研究科教授

主　著

『教育という病』光文社，2015 年。『ブラック部活動』東洋館出版社，2017 年。『部活動の社会学』岩波書店，2021 年（編著）。

/// 読者へのメッセージ ///

　　自身の価値観を所与とせず，世の中の当たり前を前提とせず，心は熱く，分析は冷静に。私が「教育社会学」にはじめて出会ったときのあの興奮を，時空間を超えて皆さんとシェアできれば幸いです。

徳永　智子（とくなが　ともこ）　　　　　　　　　　　担当　第Ⅳ部

筑波大学人間系准教授

主　著

「国境を越える想像上の『ホーム』」『異文化間教育』40：70-84，2014 年。 *Learning to Belong in the World*, Springer, 2018. *Japanese Education in a Global Age*, Springer, 2018（共編）.

/// 読者へのメッセージ ///

　　本書で学んだ視点を使って，皆さんのこれまでの経験や今の生活をふりかえってみましょう。きっと異なる世界が見えてくるはずです。それらを仲間と共有し，ともに新しい教育社会学をつくっていきましょう。

あなたと社会の関係から
考える教育

Introduction

　第 I 部では，教育社会学で考える「社会」について，この本を読んでいるあなたとの関係から，あなたが生きている社会がどのようにできているか，について考える。

　これから教育社会学で考える社会は，中学・高校時代に学ぶ社会科と少し異なっていると感じるかもしれない。皆さんは中学・高校時代に社会科は好きだっただろうか。社会科が好きか嫌いかは，社会科の「暗記」が得意か苦手かによるのではなかろうか。現在の中学の社会科および高校の地歴・公民科は，この世界がどのようにできているかを覚えながら理解することに重点が置かれているからである。

　大学で学ぶ社会学における「社会」とは，もっと「生」の生きたものを対象としている。社会学における社会と最も近いイメージの社会は小学校の 3, 4 年生の社会科である。NHK でこの学年向けに放映されている「コノマチ☆リサーチ」や「たんけんぼくのまち」といった番組を見たことがあるだろうか。これらの番組では，主人公の住んでいるまちがどのようにできているかについて，産業，交通，政治や経済などいろいろな角度から注目し，調べて，考察する。

　このように，あなたのまわりの社会がどのように出来上がっているかについて，教育を 1 つの手がかりにしながら考えるのが教育社会学である。第 I 部のそれぞれの章では，あなたのまわりの世界を理解するために，社会学の考え方の補助線を引いてみる。

　第1章の補助線はあなたの自己紹介である。この本を手に取っ

た人の多くは学生であろうか。学生であること自体が社会とのあるつながりを示している。ここから，あなたと身のまわりの社会とのつながりを考えてみよう。

　第2章の補助線は，試験と学歴である。あなたが経験した試験だけでなく，あなたとは異なる世代の人がどのような試験を経て，どのような学歴を得たのかを補助線にする。

　第3章の補助線は，あなたがこれまでに教育を受けるのにかかったお金である。2017年の国際比較統計によると，OECD加盟国平均で1人が学校に通うのにかかる費用は年間約130万円で，日本もほぼ同程度である。このうち，日本では公財政支出が95万円ほどで，残りは私費である（『図表で見る教育OECDインディケータ』より）。学校に通うことは国としても家計としてもお金がかかる。**第3章**では，教育を受けるのにかかるお金を手がかりにして，社会や教育にどのような格差や不平等が存在するかに注目する。

　教育社会学の研究は，教育と社会の現実を把握するために行われている。よりよい教育と社会のあり方を構想するために，まずは，現実はどのようにできているのかに注目する。そのために，いったん，善悪を離れて教育と社会を見つめなおす必要がある。このことを**第1章**から考えながら実践してみよう。

あなたは誰?

教育社会学の考え方入門

Quiz クイズ

Q1.1 現在,日本の 18 歳のうち,およそ何%くらいの人が大学生であろうか。
a. 40%　b. 60%　c. 80%　d. 100%

Q1.2 先進諸国の大学入学平均年齢は何歳だろうか。
a. 16 歳　b. 18 歳　c. 20 歳　d. 22 歳

Q1.3 日本の中学 1 年生の学習指導要領に定められた国語・社会・数学・理科・外国語の合計時限数は,中学 1 年生の授業全体の何%だろうか。
a. 50%　b. 60%　c. 70%　d. 80%

Answer クイズの答え（解説は本文中）

Q1.1　b　　　Q1.2　d　　　Q1.3　b

Chapter structure 本章の構成

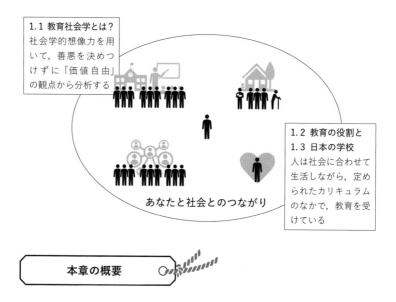

1.1 教育社会学とは？
社会学的想像力を用いて，善悪を決めつけずに「価値自由」の観点から分析する

1.2 教育の役割と
1.3 日本の学校
人は社会に合わせて生活しながら，定められたカリキュラムのなかで，教育を受けている

あなたと社会とのつながり

本章の概要

　本章では，はじめて教育社会学を学ぶ人のために，教育社会学の考え方を紹介する。その導入として，あなたは何者かを考えてみる。

1 教育社会学ってなんだろう？

▷ **あなたと社会のつながりを考えてみよう**

　この本を手に取っている方は，大学に通っている人だろうか。あるいは，教育社会学という学問に関心をもった高校生や学校教員あるいは保護者の方かもしれない。誰もがはじめて学べる教育社会学をこの教科書は目指している。その入口として，誰かに自己紹介をするつもりで，「あなたはどんな人か」を考えてみてもらえないだろうか。

　たぶん，多くの方は，「XX 大学の教育学部の学生である」あるいは「学校の教員をしている」「高校生の子どもがいる」といった自己紹介になるかもしれない。出身地に特徴があったら「ある県の出身」で「一人暮らしをしていること」を話題に取り上げるかもしれないし，外国の出身であれば，どこかの国から来たことを話題に取り上げるだろう。また，学部のたくさんある大学ならば，所属している学部がどこか，あるいは，勉強したいことを自己紹介で取り上げるかもしれない。

　皆さんが，こうやって自己紹介をしようとするとき，あなたは新しい社会と接点をもとうとしている。自己紹介をしようとするあなたが社会と接点をもって話そうとするのと同じように，教育社会学は，個人と教育と社会の関係を理解しようとする学問である。

　教育社会学は，教育を社会学から考える学問である。「教育社会学」のように，4 文字＋学の学問の名詞には，「対象」＋「方法論」の学問名と「対象」＋「学」の学問名がある。教育社会学や教育心

理学，教育経済学は，「対象」＋「方法論」で構成されている。一方で，教育方法学，学校教育学，社会教育学などは，それぞれ教育方法，学校教育，社会教育を対象にした学問である。

逆にいえば，教育社会学は，家族社会学や都市社会学などと，社会学という方法論では，共通した考え方をもっている。本書もある部分では，教育を対象にした社会学の入門になっていることがある。教育社会学を学んでみると，他の教育学と違うと感じることや，逆に，他の社会学と似ていると感じることがある。それは，教育社会学に社会学の発想がしばしば埋め込まれていることに起因している。

▷ 社会学的想像力をもって教育を理解しよう

教育社会学は，個人と教育と社会の関係を理解しようとする学問である，と述べた。個人と教育と社会の関係といっても，ぴんとこないかもしれない。これはわかりやすく言い換えるならば，「人の受けた教育にどういう意味があるかを考える学問である」といえる。

自己紹介を振り返ってみよう。「XX 大学の教育学部の学生である」と話したら，おそらく皆さんも「XX 大学」「教育学部」「学生」の 3 語のどこかに反応するのではないだろうか。XX 大学は，自分と同じ大学かもしれないし，違う大学かもしれない，あるいは，自分の家の近くの大学かもしれないし，遠いところにあるかもしれない。とても入試の難しいことで知られている大学かもしれない。「教育学部」であると聞けば，学校の先生を目指して勉強している人なのかも，と思うかもしれないし，「学生」であると聞けば，自分と同じだと思うかもしれないし，何年生であるかに関心が湧くかもしれない。

私たちは，自己紹介をしたり，聞いたりしたときに，それぞれの

個人を，ある時代のある社会状況のなかに位置づけるために，たくさんの想像力を働かせることができる。この想像力のことを，アメリカの社会学者 C. W. ミルズは「社会学的想像力」と呼んだ。ミルズは，社会科学の最初のレッスンは，このような社会学的想像力を働かせ始めることだと主張する（ミルズ 2017）。

　冒頭のクイズの **Q1.1** の答え合わせをしながら考えてみよう。現在，日本の 18 歳のうち，大学生の割合の正解は，**b** の 60％ で，最新の数字では，58.9％ である（2021 年「学校基本調査」）。これが正解だと気づいた人は，日本社会について，少し想像力が豊かかもしれない。

　一方で，他の 3 つの選択肢を答えた人もそれなりに社会学的想像力をもって答えた結果だと理解できる。**a** の 40％ と答えた人は，地方の人に多いかもしれない。47 都道府県のうち，2020 年時点で四年制大学の進学率が 40％ を下回り，短大を含めても 45％ を下回る県が 7 県ある。このような県に住んでいる方は，同級生のなかで大学に行く人は半分くらいだと思って **a** を選んだのではないかと考えられる。**c** の 80％ と答えた人も，見方を変えれば理解できる回答である。なぜならば，専門学校生を含めた進学率は全国で 83.5％ になるからである。また，最も大学進学率の高い東京都や京都府などでは 70％ を超えている。このような都府の出身の方のなかには **c** と答えた人も少なくないのではないかと考えられる。また，皆さんのなかには，進学率 100％ の「進学校」や「付属校」の出身の方もいるのではないだろうか。このような学校に小さいころから通っていれば，**d** と答えて，ほぼ 100％ 大学に行くのが当たり前だと思ってきたかもしれない。このように，18 歳の人々のうち，大学生はどのくらいの割合でいるのかを考えてみるだけでも，

日本社会のいろいろなつながりが見えてくる。

▷ 教育を善悪から決めつけて判断しない

　このように，教育社会学の考え方の基本は，教育を社会学的想像力をもって観察してみることにある。それとともに，もう1つ大事な教育社会学の考え方の基本がある。それは，教育を善悪からいったん切り離して理解しようとすることにある。

　たとえば，冒頭のクイズの **Q1.2** の解説をしながら，このことを考えてみよう。先進諸国の大学入学平均年齢は何歳だろうか。日本では，浪人する人たちがいたとしても，2020年代現在では，多くの人は高校卒業後，「現役」で，そのまま進学する。日本での答えは，bの18歳となる。なお，国際的に見て，大学進学年齢の平均は，日本と韓国の18歳が最も若い。それに対して，先進諸国全体での平均値はどの値になるだろうか。答えはdの22歳である。もちろん，これは入学年齢で，卒業年齢ではない。すなわち，多くの先進諸国では，日本の大学生が卒業する頃に，大学に入ることが平均なのである。また，先に取り上げた韓国は，男子に徴兵制があるため，卒業年齢は日本よりも遅くなる。すなわち，日本は，世界で最も若くして大学生になり，卒業する社会である（OECD 2022）。

　この答えを知って，18歳で大学に入り，22歳で卒業することが世界の当たり前ではないことに気づくだろう。また，22歳になれば，大学を卒業して就職することが当たり前でないことにも気づくかもしれない。このように，ある年齢に対して，どのような社会的な意味づけを行うかは，社会によって大きく異なっている（チュダコフ 2015）。

　この点を踏まえて，皆が18歳から大学に通う日本のような社会

と，何年かを経て大学に通うことが広く認められた社会との間で，どちらの学校や社会が善いか，悪いかを即断しないことが教育社会学の考え方の重要な第一歩となる。むしろ，「なぜ日本では大学に18歳で通い，4年間で卒業することが当たり前なのか」「なぜ他の国は高校卒業後何年かしてから大学に行くことが多いのか」と考えてみると，それぞれの国の教育と社会の関係を理解する手がかりになる。

たとえば，「なぜ日本では大学に18歳で通い，4年間で卒業することが当たり前なのか」と考えてみたとき，「親に学費を払ってもらっているから」「親に現役で行けと言われたから」という人は多いのではないだろうか。このように，親に学費を払ってもらっている社会もあれば，税金が高い代わりに大学の学費が安く，その分，卒業が難しく，必要に応じて大学に通うことを許容する社会もある。これも一概にどちらが善い悪いと判断できないことがある。たとえば，日本で大学を卒業した直後に失業者になりづらいのは，日本が，一斉に入学し，一斉に卒業し，一斉に就職する社会であるからだ（矢野 2011）。

どちらの教育のあり方も，その社会のなかでは合理性をもって存在している。よって，ある教育を簡単に善い，悪いと判断することは難しいのである。この点を，ドイツの社会学者 M. ウェーバーは，対象に対して（善悪を決めつけずに）**「価値自由」**の観点から客観的に分析することの重要性を主張している（ヴェーバー 1998）。教育社会学は，他の社会学と同様に，この方法に則って，事象の善悪を簡単に決めつけようとしない。ある教育が善いか，悪いかをいったん切り離して考えられるようになることが教育社会学の考え方を身につける大事な一歩である。

コラム1 社会は存在する？──教育社会学と認識論 　1980年代にイギリスで首相を務めたマーガレット・サッチャーは1987年に「社会なんて存在しない」と述べて，福祉国家の改革を行った。その後，同じ保守党のジョンソン元首相は2020年に「社会というものはある」と述べた。

　人と人が2人以上いる時に，ただそこに2人しかいないのか，それともそれ以上の何かが存在するのか，という認識の問題は，社会科学の根本にかかわる問題である。

　教育社会学は，「個人と教育と社会の関係を理解しようとする学問である」と紹介した。つまり，社会は存在する，という立場が基本である。しかしながら，社会というものを認識しようとするときに，それを実在するものととらえるか，想像上のものととらえるか，いくつかの立場がある。ある社会科学の方法論の教科書に則ると，この認識論は，大きく分けて3つの立場に分かれる。実証主義，批判的実在論，解釈主義である（野村 2017）。

　社会は「そこにある」「明確に示すことができる」と考えるのが実証主義の立場である。実証主義の立場でよく行われるのが，統計分析を用いた計量的研究である。計量的研究は，社会というものが実証的に示せるという立場で行われることが多い。たとえば，教育格差の計量的な研究は，社会のなかでの格差というものを数値でとらえて，実証的に明らかにできるという前提に立っている。

　実証主義の正反対の立場が解釈主義である。つまり，社会というものも人々が解釈するなかでしか成り立っていない，という考え方である。たとえば，一方的にひどい言葉を言っている人と，それで責められている人がいるとする。人はそこに何が起きているかは，解釈しないと理解できない。なんらかの形で解釈が行われることで「言葉によるいじめ」や「パワハラ」だと理解することができる。

　この両者の間に位置するのが批判的実在論である。実証主義のようにすべてを明確に実証できるかのように社会が実在するとは考えない点で批判的な疑いをもつ立場である。一方で，すべてが解釈としてのみ存在するわけではなく，なんらかの形で実在が存在すると

考える，両者の間で批判的な実在としての社会を探る立場である。
　皆さんが実際に論文や専門書を読むとき，著者たちはどのような立場に立って，事象を説明しようとしているのかを理解しながら読んでみると，著者の主張がより深く理解できるはずである。

2　教育社会学から見て，教育にはどのような役割があるのだろうか

▷　社会に合わせながら生きていく

　教育には，どのような役割があるだろうか。「教育」に対応する英単語 education の原義には「引き出す」という意味がある。社会との関係で，教育を考える教育社会学において，一番重視する教育の役割は「社会化」である。**社会化**とは，人が社会に適応して期待されるとおりに行動することを学ぶプロセスである。人は，社会とかかわるなかで，絶え間なく社会化のプロセスにさらされている。

　皆さんは，朝起きて何をしただろうか。大学の授業が午前中にあればそれに合わせて起きたかもしれない。身支度を整えて，朝食をとったという人が多いだろう。朝食はとらなかったという人もいるだろう。パンで朝食をすませた人もいれば，ご飯を食べた人もいるだろう。身支度はどのようなことをしただろうか。髪を整えたり，化粧したりしただろうか。朝何時に起きるか，朝食をいつ，どのようなものを食べるか，どのような身支度をするか，このすべての行動が社会化の結果として現れている。人や社会が違えば，社会化された個人は違ってくる。教育社会学の考え方の前提には，このよう

に人の違いは社会とその社会のなかでの社会化によって生まれるという前提がある。逆にいえば，個々人がもっている遺伝的形質の影響よりも周囲の環境のほうが重要ではないかという前提に立っている。

あなたは今生きている社会に，ありとあらゆる点で合わせたり，反発したりしながら生きている。それはとても正常な反応である。

皆さんは，中学校や高校に進学して，はじめて制服を着たときにどのように感じただろうか。ある集団のメンバーになったことをうれしく思って，誇らしく感じたという人は，積極的に社会化された人であり，これから入ろうとする社会の**規範★**を内面化した人である。一方で，窮屈だと思った人はいないだろうか。窮屈なボタンを緩めて着て，注意された経験はないだろうか。これも立派な社会化の経験である。厳密に区別していうと，このように注意される過程は，社会化ではなく，逸脱した行為に対して，**社会統制**が行われているといえる（→第8章）。学校などの教育機関には，あるべき姿に向けて「社会化」を進めるだけでなく，そこから外れようとしている人を注意してコントロールする「社会統制」の機能もある。

▭▷ **まわりに合わせることの意味**

小さいころに「みんな持っている」と言っておもちゃをねだった経験はないだろうか。あの「みんな」という言葉を専門用語で表現すると「準拠集団」という単語になる。準拠集団とは，個人の態度や意思決定の手がかりを与える集団のことである。「みんなが持っているゲーム機を私もほしい」というように他人と比較したり，「みんなが持っているのだから私もゲーム機を持っているべきである」という規範的な意味をもったりするのが準拠集団である。

あなたの身のまわりにはどのような準拠集団があるだろうか。大学生の皆さんならば，同じ学部学科の仲間，一緒に授業を受ける仲間，部活やサークルの仲間，アルバイト先の仲間などがいるかもしれない。そしてそれぞれの仲間によって，大学の授業への熱心さが違うかもしれない。この熱心さの違いが「あなたが授業にどの程度熱心に取り組むか」に影響するとすれば，あなたの周囲の準拠集団があなたの大学という社会への社会化に影響していると理解できるだろう。

　このような準拠集団のなかで，小さい頃から大きな意味をもっているのが**ジェンダー**の違いである（→**第5章**）。ジェンダーとは，生物学的な役割を強調する性（セックス）に対して，社会的な性別の違いを強調する概念である。大学生の皆さんは，入学式に何を着ていっただろうか。近年の研究で，大学生の就職活動が広まっていったことによって，リクルートスーツの形が定まっていったことが明らかになっている。大学の新入生も多くは黒のスーツ，女性ならばスカートのスーツを着るようになった（田中 2019）。女子学生ならば成人式の振袖や卒業式の袴のことを考える人も多いことだろう。現代日本の大学生活は，ジェンダーの違いに触れながら，社会化していく過程と見ることもできる。

　ジェンダーによる違いが，大学だけでなく，その前に通った学校や幼稚園，保育園あるいはこの先進むであろう就職先にもさまざまなところに埋め込まれていることに，勘のよい人は気づくだろう。たとえば，男女で異なる学校制服を着ることは，その一例である。最新の研究によれば，日本の学校制服のうち，今でも多くの歴史のある学校が用いているセーラー服は，100年前に，最も歴史のある学校で用いられるようになった。最初は「恥ずかしい」という声も

コラム2　あなたは友情派？　対立派？──教育社会学における機能主義と葛藤主義　この節で，社会化と社会統制という考え方を紹介した。実は，社会のなかで人が出会った時に，積極的に友好関係を築いていくか，それとも対立関係となるかという見方は，社会を見るうえでの根本的な見方の違いを生み出している。教育社会学や社会学では，積極的に友好関係を築く側の立場を「**機能主義**」と名づけ，積極的に敵対関係を築く側の立場を「**葛藤主義**」と名づけている。

　典型的な機能主義者は É. デュルケーム（1858-1917）という社会学者である。彼は，教育社会学にかかわる著作も数多く残しており，教育社会学の祖と言える人物の一人である。デュルケムは，19世紀後半から20世紀前半のフランス社会が発展していくなかで，人々が有機的に連帯し合って助け合う社会をつくっていくべきだと主張した。今の教育の高度専門化に通じる発想である。

　典型的な葛藤主義者は，経済学や歴史上の人物としても有名な K. マルクス（1818-1883）である。マルクスは『共産党宣言』の冒頭で「今日まであらゆる社会の歴史は，階級闘争の歴史である」と述べている。この考え方は，教育社会学では，特に教育と選抜の分野で応用されており，試験を通じた競争関係とその結果がもたらす社会移動を説明するうえでよく用いられている。

　この章で「社会学的想像力」という考え方を紹介したが，この機能主義と葛藤主義については，自分にとってなじみのない側の立場がどう考えるか，という思考実験をしてみると，いろいろと見えてくることがある。

　ルールがあったときに積極的に従って協力し合える人は，不満があってルールを破ったり，変更を求めたりする人の立場になって考えてみると，どのような人がルールによって不利益が生じるかわかるだろう。逆に，いつもルールに不満がある人は，どのような人たちはルールを守りやすいのかを想像してみると，そのルールのあり方を通じて，適応が求められる社会のつくりが見えてくるであろう。

　このように自分とは違う見方から考えてみるというのは，この後

のどの章にも通じる発想方法である。特に，第IV部のように，マイノリティについて考える際には重要な視点である。

あったセーラー服が地域の名門女学校の制服として，戦前に浸透していった（刑部 2021）。

私たちは創られた伝統としてのルールに合わせて生きている

社会学には「伝統の創造」という考え方がある。「伝統の創造」としてもともとの研究で取り上げられているのが，スコットランドのタータンチェックとバグパイプである。これらは，当初野蛮で否定的なイメージであったが，イングランド，アイルランドに対抗して積極的にスコットランドの伝統として創り上げられた歴史がある（ホブズボウム・レンジャー 1992）。日本の学校の制服の歴史にあてはめた場合，女子生徒のセーラー服や男子生徒の学ランは日本社会が創り上げてきた伝統ともいえる。

学校のなかで守らなければならないルールは，しばしば創造された伝統の産物である。たぶん，皆さんの多くは「学校のチャイムに合わせて行動する」ことを求められてきたのではないだろうか。学校や先生によって，チャイムが鳴る前に座る，チャイムが鳴っている間に座る，チャイムが鳴ったら座るといったルールはかなり異なるようである。しかしながら「時間を守る」という行動規範を社会化する行動である点では共通している。実は，時間厳守という考え方も現代社会に至るなかで変化してきた観念である（橋本・栗山編 2001；真木 2003）。

学校にとどまらず，教育という活動全体の社会的な役割は，まず，

社会化と社会統制にある。現代社会において，教育の役割を担う学校では，このチャイムのように，守るべき規範を隠れたカリキュラムとして組み込んでいる。次の節では，本章で今まで紹介してきた概念を用いて，日本の学校の様子を読み解いてみよう。

3　教育社会学から見る日本の学校

　日本の学校に通ったことがある人は，その様子を思い出してみよう。朝は，遅刻しないように学校に行く。これができるかが，まず学校という社会に適応できているかの始まりだ。

　始業の時間になったら，おそらく先生は，最初に誰が来ていて，来ていないか，をチェックするだろう。その名簿はどのようにできているだろうか。おそらく日本語ではあいうえお順のことが多いであろう。今は，男女混合名簿のところがだいぶ多いものの，以前は，男女別で，男の子が先，女の子が後という名簿が広く使われていた。2021年6月29日付『朝日新聞』に掲載された日本教職員組合の調査によると，1993年度にはわずか13%しか男女混合名簿を使っていなかったのが，2020年度には87%まで採用率が増えている。男女混合名簿とするか，男女別名簿とするかで，ジェンダーの観点から見て，隠れたカリキュラムとしてどういうメッセージが伝わるかの違いはよくわかるだろう。

　さらに，学校の授業の様子を思い出してみよう。おそらく先生は立っていて，児童・生徒たちは座っていることが多いだろう。ところが，小学校1年生の頃を思い出してみると，教室に授業時間中，じっとしていられない子というのがいなかっただろうか。実は，授

業時間中，じっと座っていられることは身体の社会化の結果である。今の学校の教室の形，机の配置などがそのような身体の社会化をするために改善されていったことが歴史的に明らかにされている（柳2005）。

　授業では，どのような科目があっただろうか。ここで，最初のクイズの **Q1.3** の解説をしながら考えてみよう。日本の中学1年生の**学習指導要領★**に定められた国語・社会・数学・理科・外国語の合計時限数は，中学1年生の授業全体の何％だろうか。この正解は，**b** の60％ である。正確にいえば，2017年に告示された学習指導要領では630時間／1015時間で，62％ である。OECD（経済協力開発機構）平均も2020年度では60％ で，だいたい平均のとおりである（OECD 2022）。すなわち，日本でも，他国でも，学校はいわゆるアカデミックな知識以外に，保健体育を通じて体を鍛えることや芸術にかかわる経験をすることが公式のカリキュラムとして期待されている。

　日本の学級活動のうち，しばしば珍しい活動として注目されるのが給食と掃除である。日本の学校では，しばしば給食当番を班ごとに順番にまわし，給食当番が配膳を行う。掃除は，班ごとに場所の分担を決め，ローテーションしながら，それぞれの場所を掃除していく。日本の学校ではごく当たり前の活動であるものの，給食は一律の食事を食堂で配膳してもらう国も多いし，清掃のために清掃員を雇っている国も多い。

　日本とアメリカの学校生活を通じた人間形成過程の違いに注目した研究によれば，日本では班で割り当てられるクラスでの役割がアメリカでは「トムの仕事」「ジェニーの仕事」というように個人に割り当てられることが多いことが明らかにされている（恒吉 1992）。

日本の学校では集団活動が多いといわれるのもこの点に由来する。

このように，社会が異なれば，学校を通じて，社会の一員になるために行われる教育も異なってくる。次章以降も，このような日本の学校教育の特徴を多面的に見ていこう。

〃〃 *Exercise* 演習問題 〃〃〃

あなたがこれまで受けた教育で，意味があったと思うことと意味がなかったと思うことを書き出してみて，そこでどのような社会化や社会統制が行われていたかを考えてみよう。

〃〃 *Book guide* 読書案内 〃〃

・C. ユール・C. ソープ，2018，『10 代からの社会学図鑑』（田中真知訳）三省堂

　本章で紹介した「あなたは誰？」を手がかりに，現代社会学の考え方を紹介する。カラーで図表が多く，入門に最適。
・L. クレハン，2017，『日本の 15 歳はなぜ学力が高いのか？──5 つの教育大国に学ぶ成功の秘密』（橋川史訳）早川書房

　原題は Cleverlands で邦訳タイトルとは大きく異なる。日本を含む国際学力テストの高い国々を訪問し，社会化や隠れたカリキュラムの違いに迫る。
・日本教育社会学会編，2018，『教育社会学事典』丸善出版

　ネット時代に合わせて読み応えのある中項目事典。この本で用語を調べながら，学会誌『教育社会学研究』の興味のある論文を読むことが専門的な勉強の入口となる。

〃〃 *Bibliography* 参考文献 〃〃

ヴェーバー，M.，1998，『社会科学と社会政策にかかわる認識の「客観性」』（富永祐治ほか訳）岩波書店。

OECD, 2022, 『図表でみる教育——OECD インディケータ（2021 年版）』（矢倉美登里ほか訳）明石書店。

刑部芳則, 2021, 『セーラー服の誕生——女子校制服の近代史』法政大学出版局。

田中里尚, 2019, 『リクルートスーツの社会史』青土社。

チュダコフ, H. P., 2015, 『年齢意識の社会学』（工藤政司・藤田永祐訳）法政大学出版局。

恒吉僚子, 1992, 『人間形成の日米比較——かくれたカリキュラム』中央公論新社。

日本社会学会・社会学事典刊行委員会編, 2010, 『社会学事典』丸善。

野村康, 2017, 『社会科学の考え方——認識論, リサーチ・デザイン, 手法』名古屋大学出版会。

橋本毅彦・栗山茂久編, 2001, 『遅刻の誕生——近代日本における時間意識の形成』三元社。

ホブズボウム, E.・T. レンジャー, 1992, 『創られた伝統』（前川啓治・梶原景昭ほか訳）紀伊國屋書店。

真木悠介, 2003, 『時間の比較社会学』岩波書店。

ミルズ, C. W., 2017, 『社会学的想像力』（伊奈正人・中村好孝訳）筑摩書房。

柳治男, 2005, 『〈学級〉の歴史学——自明視された空間を疑う』講談社。

矢野眞和, 2011, 『「習慣病」になったニッポンの大学——18 歳主義・卒業主義・親負担主義からの解放』日本図書センター。

試験と学歴から
考える教育

Quiz クイズ

Q2.1 2000 年代に生まれた日本の子どもはだいたい 1 学年あたり 110 万人前後, 2010 年代に生まれた子どもがだいたい 1 学年あたり 100 万人前後である。これに対して, 同じ統計の取り方で最多だった 1947 年生まれは約何万人くらいだろうか。
a. 約 170 万人　**b.** 約 220 万人　**c.** 約 270 万人
d. 約 320 万人

Q2.2 日本全体で, 18 歳人口に対する大学進学率が 50% を超えたのは何年代だろうか。
a. 1980 年代　**b.** 1990 年代　**c.** 2000 年代　**d.** 2010 年代

Q2.3 21 世紀の日本で最も低い大卒求人倍率は 1.09 だが, それは何年のことだろうか。
a. 2001 年　**b.** 2009 年　**c.** 2011 年　**d.** 2021 年

Answer クイズの答え（解説は本文中）

Q2.1 c　　Q2.2 c　　Q2.3 a

Chapter structure 本章の構成

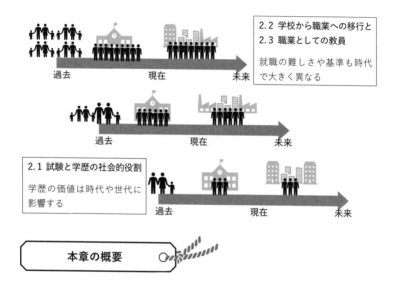

2.2 学校から職業への移行と
2.3 職業としての教員

就職の難しさや基準も時代
で大きく異なる

2.1 試験と学歴の社会的役割

学歴の価値は時代や世代に
影響する

過去　　　　　現在　　　　　未来

本章の概要

　本章では，学歴と試験を手がかりに，教育の社会的役割について
考える。学歴やそれを得るための試験は，教育と社会をつなぐ交差
点である。入学試験や就職試験について，昔と比較してみて，あな
たが生きているいまはどんな時代なのかについて考える。

1 試験と学歴は教育と社会の 重要な交差点

　この本を読んでいる皆さんは，今，大学生か，大学を卒業した人が多いかもしれない。あなたは，なぜその大学に在籍している／いたのだろうか。その答えの1つは，本音を言えば「試験に受かったから」ではないだろうか。大学を受験しなかったにしても，読者の皆さんは，どこかの段階で受験を経験したことがあるのではなかろうか。たぶん多くの人にとって，試験や受験は決して楽しいものではなかったであろう。人によっては思い出したくない過去かもしれない。

　しかしながら，そのような個人的な体験とは異なり，社会と教育の関係から考える場合，試験や受験によってもたらされる「**選抜**」は，教育システムが社会にもたらす重要な機能である。試験や受験がもたらす選抜の機能を手がかりに，本章では教育と社会の関係を考えてみよう。

学歴の価値は時代や世代によって異なる

　日本で学校制度ができたのは**学制**が発布された 1872（明治5）年のことである。学制には，「学問は身を立るの財本」と書かれており，学校に通い，学ぶことの重要性を訴えた。今の学校制度の始まりである。その後，20世紀になる頃には初等教育がほぼ広まり，学歴社会が 1920 年代に誕生し，徐々に広まっていき，戦後に大衆化したと考えられている（ドーア 1978；苅谷 1995）。

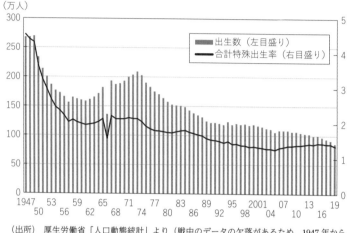

図 2-1 日本の出生者数と合計特殊出生率の推移

（万人）

凡例:
出生数（左目盛り）
合計特殊出生率（右目盛り）

横軸: 1947 50 53 56 62 65 68 71 74 77 80 83 86 89 92 95 98 2001 04 07 10 13 16 19

（出所）　厚生労働省「人口動態統計」より（戦中のデータの欠落があるため，1947 年から作成）。

　なぜ学歴は社会の評価のなかで重視されるのであろうか。1 つの見方をあげるならば，人々が重視する試験のなかで数少ない合格者になった証明だからである。同一世代のなかでもっている人が少ない学歴であれば価値が高いと考えられるし，皆がもっていれば価値が低くなる。日本社会において，ある学歴に希少価値があったか，なかったかは，世代によってかなり異なる。この世代の違いを考えるために，まず，皆さんのお父さん，お母さん，そして，おじいさん，おばあさんが何年に生まれたか，図 2-1 に印をつけながら見ていこう。

　冒頭のクイズで紹介したように，2020 年代に大学生になる年代は，大体出生者数が 100 万人から 110 万人くらいである。これに対して，先の **Q2.1** の答えのように，1947 年生まれは約 270 万人い

図 2-2 1950 年以降の高校・短大・大学の進学率の推移

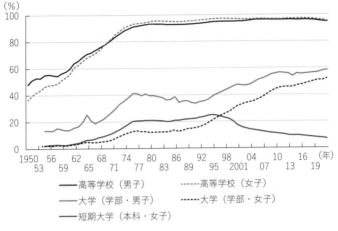

（出所） 文部科学省「学校基本調査」より。

た。1947 年から 49 年生まれは，後に第 1 次ベビーブーマーあるい
は「団塊の世代」と呼ばれ，この 3 年間は毎年 260 万人以上の出
生者がいた。

　その後，日本の出生者数は急減するものの，1952 年までは出生
者が 200 万人以上いた。いまの大学生たちのほぼ倍である。その
後，この第 1 次ベビーブーマーおよびその少し上の世代の人たち
の子どもの出生が集中した時期が 1971 年から 74 年の第 2 次ベ
ビーブームである。最も多い 1973 年生まれの世代では，再び出生
者数が 200 万人を超えている。

　この子どもの人口の変化は，進学にどのように影響したのであろ
うか。図 2-2 は，高校・短大・大学の進学率の推移である。

　学校の数は急には増やせないし，減らせないので，人口が大きけ
れば，その世代の学歴取得競争は厳しくなる。1960 年代半ばごろ

第 2 章　試験と学歴から考える教育　**27**

コラム3 日本発の学歴社会論とそのゆくえ　　多くの人は，皆さんそれぞれの個人の特徴を学歴によって評価することについての違和感や異議があるのではないだろうか。では，企業や官公庁で勤める人を見極めるために「あなたと他の方を評価するために何か基準を提案してもらえますか？」といわれたら，何を基準にあげるだろうか。このように問われると，皆さん，けっこう戸惑うのではないだろうか。そのため，試験や学歴は多くの人を公正に評価するための手段として使われてきた。

　日本では，かなり早くから，選抜の基準が試験を通じて得られた学歴に置き換わったことがイギリスの社会学者 R. P. ドーアによって明らかにされている。ドーアは，日本社会における学歴社会の成立を 1920 年代としている。ドーアは，**後発効果**という用語を定義して，工業化の歴史的スタートが後になり，その速度が速いほど，家柄を重視する社会から学歴社会に変化しやすいと主張する。また，後発効果の強い国ほど，教育が受験準備のためのものになりやすいとする（ドーア 1978）。

　ただし，学歴の重要性が日本社会に広く大衆化していくのは，本章で紹介する第二次世界大戦後，それも 1960 年代以降のことであると現在の研究では考えられている（苅谷 1995；野村 2014）。学歴とその後に就く職業との結びつきを重視する**産業**★が伸びないと学歴社会は広まらない。そのため，日本の学歴社会の大衆化は，高度経済成長期とともに訪れる。

　現在では，韓国や中国のように，さらに急速な発展によって，学歴社会化が大学院教育も含めて進み，競争が激化する事例も見られるようになってきた。韓国や中国と日本では，大学院の学歴に希少価値や有用性を認めているかについては大きな違いが存在する。大学院学歴を含めた学歴取得競争が激化するのは，韓国，中国などの東アジア諸国だけではない。学歴社会論は日本発であったが，**グローバル化**★する世界のなかで大きく変容しつつある。

は，第 1 次ベビーブーマーが高校受験をしたため，全国的に高校が不足し，厳しい受験となった。第 1 次ベビーブーマーの最初の学年が受験した 1962 年の高校進学率は 64％ で，全国的に見れば，高校に行かない人が 3 分の 1 いる時代であった。大学も急増されていくものの，大学進学率は 20％ ほどの時代であった。当然，この世代の進学は高校受験でも大学受験でも厳しかった。60％ 台の高校進学率の時代には，高卒学歴自体に価値があった（香川ほか 2014）。

　日本の学校数は，人口急増期の頂点のころからその少し後に増える傾向がある。第 1 次ベビーブーマー対策で高校が増設されたおかげで，1970 年代に高校進学率は 9 割に至り，第 2 次ベビーブーマーのときは，すでに高校については，ほぼ全国的に普及がすんでいた。1970 年代，80 年代に宅地開発の進んだ大都市近郊部では，その後も高校の増設が進められて，少なくとも高校に通うことは当たり前の社会が維持されてきた（香川ほか 2014）。

▷ ユニバーサル・アクセス時代の大学

　大学については，第 2 次ベビーブーマー以降で，大きな変化が起きている。1970 年代半ばから 90 年にかけて，大学進学率が横ばいか緩やかに減少していることからもわかるように，このころ，日本では大学への進学抑制政策がとられていた（小林 2009）。そのため，それぞれの世代内での大卒学歴をめぐる競争は厳しかった。当時，入口が絞られていた分，大卒学歴の価値は維持されていた。

　大学進学率が大きく変化するのが 1990 年代以降である。大学の設置基準が緩和され，大学が設置されやすくなった。そこに少子化が重なったため，1980 年代に一貫して 3 割を切っていた大学進学率が 2000 年代後半には 50％ を超え，現在では，6 割に達しようと

している。

　この拡大過程を読み解くうえで，アメリカの教育社会学者 M. トロウによる大学進学率と**高等教育**★のありようの変化を 3 段階に分ける説明がうまくあてはまる。トロウは，進学率 15% 以下の**エリート段階**，15% から 50% の**マス段階**，50% 以上の**ユニバーサル段階**の 3 段階に分けて論じている。進学率が 50% を超えると，大学内部で多様性を内包せざるをえなくなることをトロウは指摘している（トロウ 1976）。これは，現在の日本の大学にもあてはまる。たとえば，すでに 2010 年には，私立大学の入学者では，半分以上を推薦入試・AO 入試受験者が占めるようになり，これらの受験方法が受験進学校以外の学校や職業科からも大学に進学するルートになっている（中村 2011）。

2　職業世界への入口としての学校から仕事への移行

▷　「社会人」ってなんだろう

　視点を入学試験から就職試験に移してみよう。教育社会学では，教育と社会の関係を考えるため，教育機関としての学校から仕事の世界を含む社会への移行についての研究が数多く行われている。これは，生徒・学生から社会人になる移行とも言い換えられる。

　この本を読む方は「社会人学生」も含めて，「学生」であることが多いのではないだろうか。「学生」というのは，大学や学校に通っているから「学生」である。学校教育法では，小学校に通う人は「児童」，中学・高校に通う人は「生徒」，大学に通う人は「学

生」と区別している。

　これに対して，「社会人」とはどのような人だろうか。「学校に通っていない人」でかつ一定年齢以上の人は，全員「社会人」だろうか？ このような意見に対して，多くの方は，違和感をもつのではないだろうか。では，どんな人ならば，「社会人」になるのだろうか。1つの考え方として「働いている人」と答えるかもしれない。それでは，子育てに専念して家にいる人や引退して無職の人が定義から漏れてしまうかもしれない。このように，「社会人」とは何かを考えることは意外と難しい。

▷ 1990年代後半から2000年代前半の就職氷河期とリーマンショック

　皆さんと同じくらいの年齢の人で，仕事をせず，受験勉強もせず学校にも通ってもいない人のことを，皆さんは想像できるだろうか。そういう人たちがどのくらいいるかを身近に考えるために，**Q2.3**を考えてみよう。1990年代以降，リクルートワークス研究所が毎年，大卒者の求人倍率について調査を行っている（ワークス大卒求人倍率調査)。このリクルートワークスの調査で，21世紀の日本で最も低い大卒求人倍率を記録した年はいつだろうか。正解は2001年である。ちなみに調査開始以来で最も低い数値は21世紀になる直前の2000年で0.99を記録している。このころが，日本の大卒の「就職氷河期」の最も厳しかったころと考えられている。大学生の卒業生全体を100とした場合，就職口自体が2000年は99，2001年は109しかなかったのである。他の選択肢の時期を見てみると，2006年は1.60，2011年は1.28，2021年は1.53である。2011年はリーマンショック，2021年は新型コロナウイルスの影響で下がっているものの，もっと厳しい時期が2000年前後にはあったことが

わかる。ちなみに，21世紀以降では，リーマンショック直前の2008年，2009年が2.14と高く，また，「バブル経済」と言われた80年代後半から90年代初頭も軒並み2倍を超えている。

2008年，2009年と2011年との違いでわかるように，仕事を得て社会人になる難しさが，卒業年が1，2年違うだけで，まったく異なることもある。

入学試験と就職試験の違い

受験における入学試験と就職試験は，多くの点で異なる。入学試験では，推薦入試やAO入試において面接が行われることが多いが，一般入試では，基本的に筆記試験がメインである。一方で，就職試験では，「二次面接」「最終面接」というように何度も面接が行われることもある。

この違いは，入学試験と就職試験で求める能力が異なるためと考えることができる。たとえば，21世紀になってからの継続調査で，「採用にあたり，重視する能力」の1位は，1度を除き，ずっとコミュニケーション能力である（日本経済団体連合会 2018）。指定された教科の出来・不出来を測定しようとする入学試験とは大きく異なる。

その一方で，書記的業務の多い公務員では，いまでも筆記試験がしばしば重視されている。また，高校から学校経由で就職する場合や理工系の大学の研究室で研究室推薦をもらう際は，高校での勉強や研究室での研究も重視される（石田 2014；堀 2016）。

正社員と他の社員を区別する日本社会

高度経済成長期を経て，日本で定着した雇用慣行として，新規学

コラム4　なぜ大学に通うことは得になるのだろうか　　なぜ大学に通うことは，得になるのだろうか。これに対して，現在，教育社会学で有効と考えられる代表的な見方は3点ある。第1は，人的資本論という考え方である。大学に通えば，高度な教育を受けることができ，そうすれば，高度な能力を身につけて，高収入の仕事に生かせるから，という考え方である。

　だが，そのように単純に高度な教育と高度な能力が結びつくようには見えないという実感は，読者の皆さんにもあるのではなかろうか。そこで，第2の考え方としてあげられるのがシグナリング理論である。「難関大学合格」「国立大学合格」というのが，実質を伴うかどうかは別に，おそらく高い能力をもっているであろうというサイン，シグナルになっているという考え方である。

　この2つの見方に加えて，近年の教育社会学の研究では，社会的閉鎖理論という考え方が注目されている。社会的閉鎖理論とは，ある学歴をもった人たちが，その学歴をもっている人たちのみが評価される閉鎖的な世界を作り出し，そのなかで評価をしつづけるから学歴の価値が維持されるという考え方である（マーフィー1994）。たとえば，OECDに加盟する先進諸国の成人の学力データを比較してみると，学力は高い非大卒と学力は低い大卒では，後者のほうが高い地位に就く可能性が高いという結果が出ている（Araki 2020）。

　学歴がもたらす収益についての以上の3つの考え方は，どれかが絶対解として存在するわけではない。どの考え方に対してもそれを支持する実証分析の研究が存在する。

卒一括採用，年功序列賃金，企業別組合がよくあげられる（アベグレン 2004）。教育社会学との関係で，特に重要な慣行は，**新規学卒一括採用**である。卒業と同時に正社員として就職する。そのため，在学中から，ときには授業を休んで，就職活動に励む。国際的に見

て，就職活動を在学中にしていることは必ずしも少数派ではないものの，多くの学生がそうであるという日本社会は世界的には珍しい。たとえば，リクルートワークス研究所が行った調査では，アジア諸国で卒業前に進路が決まっていたと答える割合は 40% から 50% 前後であるのに対して，日本では同様の質問で「決まっていた」と答える割合は 83.9% にのぼる（豊田 2013）。

　日本での就職において，新規学卒一括採用が主流であることは，裏を返せば，そのルートに乗れなかった人々が大企業正社員として就職しづらいことを示している。日本の企業社会では，大企業と中小企業，安定雇用と不安定雇用，正社員とそれ以外といった**二重構造**が歴史的に形成されてきており，現代も機能していると考えられている（小熊 2019）。

　このうち，大企業の正社員が，最も大卒の学歴が評価される世界である。また，1980 年代前半まで，このルートは男性中心のものであった。1986 年の男女雇用機会均等法以降，女性の社会進出が進んできたものの，依然として男性と女性の給与格差は大きい（小熊 2019）。このような雇用慣行は，女性の結婚・出産による早期退職を促し，1970 年代から 90 年代に，2 年制の短期大学に女性が通うことが多かったこととも歴史的に影響しあっている（図 2-2）。

3 職業としての学校教員から見る教育と社会

▷ **資格としての教員免許・職業としての教員**

　学歴が必要で，さらに資格が必要な職業★の 1 つが学校教員であ

る。日本で教員になるためには，教職課程のある大学で定められた科目および単位を修得したあとに，各都道府県の教育委員会に申請して教員免許状を取得することが必要である。また，公立学校であれば教育委員会が実施する教員採用試験に合格することが必要であるし，私立学校であれば，その学校法人等が行う採用試験に合格することが必要である（文部科学省 2022）。

　社会のなかで，このように免許や資格の必要な仕事は多数ある。ドイツの社会学者の M. ウェーバーは，150 年前から 100 年ほど前に社会が近代化していくときに，業務に関して，知識と能力のある人を選び出すための手段として開発されたのが試験であると指摘した。特に，国の事務を司る官僚を選抜するために筆記試験という手段が広まったことをウェーバーは明らかにしている（ウェーバー2012）。

　また，ウェーバーは，社会が高度に機能分化していくと，支配機構の官僚制化が進むと指摘する。**官僚制**とは，支配者個人ではなく，法律や規則が行う支配であり，職務が文書によって明確に権限づけられている。

　日本の公立学校は，制度上は，日本政府の機構の末端に位置するものである。そのため，政府が官僚制による支配形態をとっているように，制度上は，官僚制のもとで運営されている。公立学校の先生が，都道府県あるいは市町村の採用試験によって雇用されていて，指揮系統の上位にある教育委員会の指示によって異動することは，その一例である。

　しかしながら，日本の学校教員が官僚制と大きく異なる点は，官僚制による仕事が文書や規則によって明確に権限づけられた範囲で行われるのに対して，学校教員の仕事は，しばしば文書や規則以外

コラム 5 公式統計と教育社会学　　本章で図表を示しているように，教育社会学では，教育と社会の関係を目に見える形にするために，統計をしばしば用いる。統計の英単語である statistics は state（国家）と語源を同じくしており，統計という文字が示すように計（数）をもって統べる学問である。本章で用いた人口動態統計は厚生労働省，学校基本調査は文部科学省が統括する日本政府の公式統計（官庁統計）である。

　教育社会学で最も基本となる官庁統計は「学校基本調査」である。学校基本調査は，毎年 5 月 1 日時点での学校在籍者にかかわる全数調査（悉皆調査ともいう）である。全数であるため，そこに現れる数字が正しく調査され，正しく集計されていれば基本的に信頼できる。

　近年では，この官庁統計については，総務省統計局が管理する e-Stat（https://www.e-stat.go.jp/）に収められるようになっている。学校基本調査もすべての図表がスプレッドシートで収められ，公開されている。そのため，進学率の計算やその推移の把握も大変容易になった。皆さんも自由にアクセスできるので，ぜひ興味があったら，e-Stat のサイトにアクセスすることをお薦めする。官庁統計の分析の仕方については，小川・野村（2009）の特に第 2 章に詳しい。

　なお，皆さんのところに必ず調査にくる官庁統計の全数調査がある。5 年に一度実施されている国勢調査である。国勢調査は，人口や就業状態を把握するうえでの基本情報となっている。また，10 年に一度は学歴が調査されるので，日本国内での学歴取得者の分布を知ることのできる貴重な調査である。この国勢調査の集計値も e-Stat で見ることができる。日本国民は，統計法で国勢調査に答えることが義務となっているので，ぜひきちんと回答するようにしよう。

　学校基本調査や国勢調査のような全数調査に対して，しばしばサンプルを抽出して行う調査を**標本調査**★という。標本調査がどのように用いられるかは，第 3 章のコラム 6 で紹介する。

図 2-3 学校教員の採用者数と採用倍率の推移

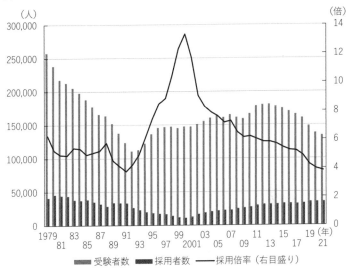

（出所） 文部科学省「公立学校教員採用選考試験の実施状況」の各年版より作成。

の仕事が多く存在することがあげられる。たとえば，学校の先生は単に授業をするだけでなく，登下校指導や部活指導をしていることがあるだろう。日本の学校の先生にとって，授業時間以外の仕事が多いことは，先進国の教員について国際比較調査をした TALIS（OECD 国際教員指導環境調査）でも明らかになっている（→第 9 章）。

▷ **教員になりやすい時代・なりにくい時代**

　前節で就職しやすい時代と就職しづらい時代があったことを紹介したが，教員もこの 40 年くらいの間で見ても，教員になりやすい時代となりにくい時代とがあった。

　図 2-3 は，文部科学省が教員採用試験の受験者数，採用者数，

競争率を示したものである。教員に一番なりにくかったのは2000年前後である。この前後の年では全体で見ても競争率が10倍を超えている。前述のとおり，2000年前後は，「就職氷河期」として，民間企業の就職状況もよくなかった時期である。この時期の教員採用試験は，10人受験して1人しか合格しなかったということである。中学校社会科のように，多くの学部で取得できる科目ではもっとなりづらかった。

だが，この2000年のわずか9年前の1991年に，教員採用倍率は過去最低を記録している。このころは，まだ民間企業にはバブル経済の影響が残っていて，採用が好調であった。このように，10年以内の間に大きく状況が変わることもある。なお，近年では，退職者の増加を新規採用で埋めているものの，本章冒頭で見たように，若年人口自体が減っているため，教員採用倍率は下がり続けている。この傾向は2010年代以降続いている。

/// Exercise 演習問題 //

あなたの両親や祖父母に当たる世代の人がどのような入学試験や就職活動を経験したかを聞いてみよう。そのうえで，本章の内容と照らし合わせながら考えたことを書き出してみよう。

///

/// Book guide 読書案内 ///

・苅谷剛彦，1995，『大衆教育社会のゆくえ —— 学歴主義と平等神話の戦後史』中央公論新社
　　発刊から30年近く経つが，いまの日本型学歴社会がどのように成立してきたかがわかる。

・香川めい・児玉英靖・相澤真一，2014，『〈高卒当然社会〉の戦後史——誰でも高校に通える社会は維持できるのか』新曜社

　　公立高校と私立高校の違いに注目しながら，各都道府県での高校のあり方の特徴に迫る。

・M. トロウ，1976，『高学歴社会の大学——エリートからマスへ』（天野郁夫・喜多村和之訳）東京大学出版会

　　本章で紹介したユニバーサル・アクセス型の大学とはどのような状況かは，この本で説明されている。

Bibliography 参考文献

日本語文献

アベグレン，J. C.，2004，『日本の経営』（山岡洋一訳）日本経済新聞出版。

石田賢示，2014，「学校から職業への移行における『制度的連結』効果の再検討——初職離職リスクに関する趨勢分析」『教育社会学研究』94：325-344。

ウェーバー，M.，2012，『権力と支配』（濱嶋朗訳）講談社。

小川啓一・野村真作，2009，『教育統計学【基礎編】——「万人のための教育」に向けた理論と実践ツール』学文社。

小熊英二，2019，『日本社会のしくみ——雇用・教育・福祉の歴史社会学』講談社。

香川めい・児玉英靖・相澤真一，2014，『〈高卒当然社会〉の戦後史——誰でも高校に通える社会は維持できるのか』新曜社。

苅谷剛彦，1995，『大衆教育社会のゆくえ——学歴主義と平等神話の戦後史』中央公論新社。

小林雅之，2009，『大学進学の機会——均等化政策の検証』東京大学出版会。

ドーア，R. P.，1978，『学歴社会——新しい文明病』（松居弘道訳）岩波書店。

豊田義博，2013，「日本の大卒就職市場の真の課題は何か?——アジア主要国のキャリア選択行動比較」『Works review: リクルートワークス研究紀要』8：1-14。

トロウ，M.，1976，『高学歴社会の大学——エリートからマスへ』（天野郁夫・喜多村和之訳）東京大学出版会。

中村高康，2011，『大衆化とメリトクラシー——教育選抜をめぐる試験と推

薦のパラドクス』東京大学出版会。

日本経済団体連合会，2018，「2018 年度 新卒採用に関するアンケート調査結果」（https://www.keidanren.or.jp/policy/2018/110.pdf）

野村正實，2014，『学歴主義と労働社会——高度成長と自営業の衰退がもたらしたもの』ミネルヴァ書房。

堀有喜衣，2016，『高校就職指導の社会学——「日本型」移行を再考する』勁草書房。

マーフィー，R.，1994，『社会的閉鎖の理論——独占と排除の動態的構造』（辰巳伸知訳）新曜社。

文部科学省，2022，「教員免許状に関する Q&A」（https://www.mext.go.jp/a_menu/shotou/kyoin/main13_a2.htm）

外国語文献

Araki, S., 2020, "Educational Expansion, Skills Diffusion, and the Economic Value of Credentials and Skills," *American Sociological Review*, 85（1）：128–175.

格差と不平等から考える教育

Quiz クイズ

Q3.1 最新の調査である 2019 年時点で，1 人の子どもが一番進学者の多い公立小学校，公立中学校，公立高校と進んだ場合，大学に入るまでに学校外教育費も含めて平均でいったいいくらかかるだろうか。
a. 約 350 万円　b. 約 500 万円　c. 約 650 万円
d. 約 800 万円

Q3.2 2019 年の調査で，日本の「子どもの貧困率」は何人に 1 人と算出されているだろうか。
a. 4 人に 1 人　b. 7 人に 1 人　c. 10 人に 1 人
d. 13 人に 1 人

Q3.3 世界で絶対的貧困状態にある子どもの人数は，2020 年時点でどのくらいだと推定されているだろうか。
a. 1 億人　b. 1 億 7500 万人　c. 3 億 5000 万人　d. 5 億人

Answer クイズの答え（解説は本文中）

Q3.1　b　　Q3.2　b　　Q3.3　c

Chapter structure　本章の構成

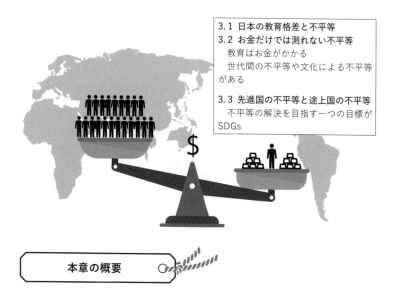

3.1　日本の教育格差と不平等
3.2　お金だけでは測れない不平等
　　教育はお金がかかる
　　世代間の不平等や文化による不平等
がある

3.3　先進国の不平等と途上国の不平等
　　不平等の解決を目指す一つの目標が
SDGs

本章の概要

　本章では，教育を受けるのにかかるお金を手がかりにして，社会や教育にどのような格差や不平等が存在するのかに注目する。

　教育社会学は，実証的なデータを提示することに長けていて，格差・不平等や貧困などの実証的なデータに向き合う機会が多い。その一端を，国内だけでなく，世界の不平等や貧困とも関連させながら紹介する。

1　日本の教育の格差と不平等

▷　格差ではなく不平等という言葉で考える

　21世紀になって，「格差」という言葉はすっかり広く知られた言葉になった。「格差社会」という言葉が日本で広まったのは，2000年代半ばのことであった。そもそも格差というのは，日本的な訳語である。英語で同様の事象について，研究や政策の用語では**不平等**（inequality）と表現する。格差は，違いが横並びでなく，上下の縦の関係にあることを示唆する一方，不平等は平等な状況ではない，すなわち，本来，人として等しく与えられるべき平等ではない状態が生じていることを示す概念である。

　近代★以降の社会では，個人は平等であることが建前になっている。日本国憲法でも，法の下の平等が保障されている。逆に法の下の平等が保障されていない状態は正しい状態ではないと考える。これが，**社会的公正**（social justice）（→第10章）をめぐる問題になる。

　格差ではなく不平等が存在すると考えてみると，格差の何が問題であるかが見えてくる。不平等という考え方において重視されるのは，**機会の不平等**と結果の不平等を分けて考える点である。教育社会学で特に重視するのは，機会の不平等が生じていないか，という問題である。機会の不平等の問題は，不正義・不公正な状態を示しているからである。

　この機会の不平等に対処すべく，どのような教育を行うのがより公正なのかは，社会によって異なる。たとえば，アメリカでは，大学入試の際に，**アファーマティブアクション**（積極的差別是正措置）

という考え方がとられている。黒人やヒスパニック系の子どもたちは，白人やアジア系と比べて，家庭でも，学校でも良い教育を受ける機会に恵まれないことが統計的に明らかになっているため，恵まれないと判断されるエスニシティの受験生の総得点に一律の加点を行うことがある。一方で，日本の場合は，公正な筆記試験を行うことが機会の平等につながることだという考え方が社会のなかで共有されている。

▷ **格差・不平等を生み出すものは何か**

社会のなかで不平等を生み出すものは何か。資本主義社会では，**資本★**であるというのが基本的な考え方である。ここでいう資本として第1にあげられるのが**経済資本**，いわゆるお金である。

教育と経済資本には密接な関係がある。教育を受けることはお金がかかる。そのことを冒頭の**Q3.1**を見ながら考えてみよう。最新の調査である2019年時点のデータを用いて，1人の子どもが一番進学者の多いパターンである公立小学校，公立中学校，公立高校と進んだ場合，大学に入るまでに平均でいくらかかるかを計算すると，**b** の約500万円である。これは，文部科学省の2019年「子供の学習費調査」各学校段階の平均値の単純合計なので，多少の前後はある。また，上記の額には，学校教育費だけでなく，塾や習い事などの学校外活動費も含めている。私立幼稚園に3年行き，小中高が公立だった場合，合計で **c** の約650万円，幼稚園と高校だけ私立に行った場合は約780万円，となる。私立幼稚園に加えて，大都市部に多く所在する私立中高一貫校に行くとなると，約1060万円になる。以上の金額に大学に行く学費や大学での学外活動費は含まれていない。

一方で，家庭の収入はどのくらいなのだろうか。2018年の「国民生活基礎調査」によると，児童のいる世帯の平均所得は約740万円である。所得は平均値が高いほうに歪む傾向があるので，分布の真ん中の値である中央値を示すと，600万円から650万円となる。個々の家庭の収入の違いを踏まえれば，子どもに上記のような教育費をかけられるかの差が，そのまま教育を受けられる機会の不平等につながることは理解できるだろう。

▷ **教育機会の平等を実現するためにどのような対策があるのか**

教育を受けるためには，お金がかかる。では，教育に払えるお金が少ない家庭に生まれた人が教育を受けることができないのは，自己責任なのだろうか。教育と社会の関係に想像力をもって接する教育社会学の考えから見た場合，個人が教育を受けるうえで直面する問題は，個人だけではなく，社会の側にも原因があると考える。そのためそれぞれの国や社会では，それぞれに歴史的に教育機会の平等を実現するための方策がとられている。

日本の公立の小中学校では，学校制度が発足して以来，教職員の給料の確保と義務教育の学校設備の地域間格差が大きな問題であった。1952年に教員の給料の一部を負担する**義務教育費国庫負担法**が成立して以後，全国規模での一定の平準化は進んだものの（苅谷2009），2000年代に教職員の給料の国庫負担範囲が3分の1に削減された。

学費の負担軽減に関しては，まず高校について，2010年から高校無償化政策（高等学校等就学支援金制度）が進められたものの，所得制限や私立高校の授業料の支援範囲がこの10年ほど政治課題となってきた。

大学などの高等教育機関については，日本学生支援機構の前身である日本育英会のころからの給付，貸与の奨学金の歴史が 80 年以上ある（白川 2018）。2020 年からは，高等教育の修学支援新制度が発足し，授業料減免や給付型奨学金の拡充がはかられた（小林 2021）。教育機会の不平等をどのように是正するかは，教育社会学の研究課題であり，政治課題である。

2 お金だけでは測れない不平等と蓄積する不平等

▷ 文化資本と社会関係資本

教育社会学では，経済資本以外の不平等にも目を向けている。経済資本以外の不平等，特に文化に注目した不平等の研究について，現代でも大きな影響を与えている社会学者に P. ブルデューがいる。ブルデューが扱う文化とは，たとえば「文化部」などでイメージされるような文化よりも広い意味で用いられている。ブルデューは，ある空間のなかで貨幣的価値に代わりうる文化実践を**文化資本**と名づけた。ここで，文化的活動ではなく文化実践と示したのは，実際にかかわって活動するだけでなく，特定の文化のジャンルを好むことなども含むからである（ブルデュー 1990）。

また，ある通貨が使える範囲が限られるように，文化資本も価値をもつ場面は異なる。たとえば，速くボールを投げる技能は，日常生活では貨幣価値にならないが，プロ野球選手という職業が存在する社会で，選手になれるくらい技能が高ければ，貨幣的価値に代わりうる。このように，文化資本が貨幣的価値に代わりうる空間をブ

ルデューはフランス語で champ（シャン）と名づけ，これは**界**あるいは**場**と翻訳されている。

　先進諸国の多くの国々では，音楽や絵画などへのかかわりを文化資本の変数とした場合，学歴の高さと文化資本の多さは関係している。また，日本社会の特徴として，女性のほうが，文化資本が多い傾向がしばしば見られる（片岡 2019）。

　文化資本とは別に，貨幣的価値に代わりうる人々の活動として，社会関係資本という考え方も重要である。**社会関係資本**とは，人々のつながりが貨幣的価値に代わりうるという考え方である。代表的な論者として，R. パットナムと N. リンがあげられる。パットナムは主著『孤独なボウリング』（パットナム 2006），『われらの子ども』（パットナム 2017）において，近所づきあいに代表されるような居住地における地域社会とのつながりに注目した。一方，リンは社会的に影響力がある人や社会的に高く評価される人とのつながりがあるかに注目した（リン 2008）。

　社会関係資本については，つながりが強い地域のほうが，文科省が行う全国学力調査の結果が良好であることも報告されている（志水 2014）。反対に，援助を求められる関係をもたない人々が貧困に陥りやすいこともしばしば指摘される（湯浅 2008）。

▷　**不平等の世代間継承と教育の役割**

　不平等を経済的な側面だけでなく，多様な角度から見てきた。この社会の不平等に対して，教育はどのような役割を果たすだろうか。当初，教育はもとから社会に存在する不平等から人々を解放する存在であると考えられてきた。特に，教育機会の平等を重んじるアメリカでは，歴史的にこの考え方が強く，それに応えるようなハイス

クール制度などが成立してきた（苅谷 2014）。

　だが，教育機会が広く提供されるようになると，学校も親から子どもへの世代間での不平等を再生産する制度になっていないかが批判的に検討されるようになった。その代表的な研究の 1 つがブルデューの『国家貴族』である。『国家貴族』では，論述問題の採点において，恵まれた出身階層の生徒のほうが教師の評価の高くなる答案を書きやすいことなどが事例としてあげられている（ブルデュー 2012）。この事例のように，親の出身階層が教育を通じて，子どもの成績や地位にどのように影響するのかを，**社会移動**として不平等の研究では注目する。社会移動は，親から子どもへの移動は**世代間移動**，個人のなかでの移動は**世代内移動**として，区別して理解される。

　イギリスの社会学者でもあり，政治家でもあった M. ヤングは 1958 年に『メリトクラシー』という書籍（The Rise of the Meritocracy, 1870−2033: An Essay on Education and Equality）を書いている（ヤング 2021）。この本では，社会がメリット（メリット＝IQ＋努力）の高い人によって治められることを空想小説として描いた。メリトクラシーは，最初は能力に基づいた社会移動が起こり，平等な社会をつくることに貢献する。ところが，ヤングは空想小説として，だんだんこの能力が遺伝していくことによって，地位が遺伝で決まる社会ができるディストピアを描いている（ヤング 2021）。この小説で用いられた**メリトクラシー**は，今では，教育社会学を中心に，世界の能力主義を説明する概念となっている。

▷ 世界で蓄積する不平等と教育の役割

　近年，不平等がより顕著になっているという指摘がある。収入の

コラム 6　教育社会学と計量分析　　一般に「教育格差」といわれる教育の不平等についての研究は，教育社会学のなかで，最も計量分析が発展している分野である。機会や結果の不平等については，他の分野に比べて，数字で計算できる形で測定する研究が積み重ねられてきたからである。また，不平等のデータを収集するために，一般的にアンケートと呼ばれる**質問紙調査**の手法も発達している。

　計量分析では，しばしば独立変数と従属変数という用語で関係を表現する。独立変数とは原因となりうる変数のことである。これに対して，従属変数とは結果についての変数である。直接的に結果変数ということもある。教育の不平等の研究では，親の職業や収入によって，本人の学業成績や進学先がどのように変化するのか，といったモデルが分析される。もちろん塾や習い事などの本人の経験あるいは学校にかかわる変数を整理しながら投入することもある。原因から結果に媒介する媒介変数や，一見関係があるように見えながら実は見せかけの相関（**擬似相関**）である可能性も常に意識しながら分析する。

　計量分析を精密に行うためには，個人単位で集計できるデータが必要である。近年，日本では，東京大学社会科学研究所の SSJ データアーカイブ（https://csrda.iss.u-tokyo.ac.jp/）をはじめとしてデータアーカイブが整理されてきて，大学生でも容易にデータにアクセスできるようになった。また，PISA などの国際学力調査のデータは，OECD などのウェブサイトから簡単にダウンロードできる（https://www.oecd.org/pisa/）。

　統計分析ができるようになるためには，統計学の基本的な知識が必要である。教育社会学では，親が大卒か非大卒か，子どもが進学するか否かといった，数値上連続していない離散型のデータを扱うことが多い。このような離散型のデータでよく用いられる手法は**クロス集計表**である。％が理解できれば，クロス集計表は読める。昔，数学が苦手だったり，嫌いだったりした人でも，興味があったら，ぜひ計量分析にチャレンジしてみよう。

コラム 7　進学の不平等を階層研究からどう説明するか　不平等を格差と翻訳していることと同様に，英語圏で使われる social class を，日本では階級という言葉を避けて，社会階層と訳すことも多い。一方で，資本家階級と労働者階級の階級対立を根本とするK. マルクスの理論を応用した階級分析を行う研究者などが「階級」と表記することも見られる（橋本 2020）。

　教育社会学や社会学の階層あるいは階級は，国際的に，職業（本人がどのような仕事をしているか）で測定される。ところが，日本の場合，本人の仕事内容よりも企業規模や従業上の地位が経済的地位に影響することが広く知られている。このような職業と他の地位の指標とでずれが生じる**地位の非一貫性**の問題は，社会階層の測定における古典的課題である（Lenski 1954）。

　社会移動が増えると，進学行動も含め，社会が平等化するか否かについては，多くの研究がなされてきている。当初，産業社会になると，人々の絶対移動量が増えることにより，社会の平等化が進行する「産業化仮説」が定説となっていた。ところが，実際には，産業化が進んだ社会での相対的な移動機会の不平等は一定であるというFJH 命題が定説の 1 つとなっている（Featherman et al. 1975）。

　FJH 命題は，職業移動で明らかにされた命題だが，教育機会が拡大しても残る不平等について，アメリカの教育社会学者の S. ルーカスは，「**実質格差維持仮説**」（effectively maintained inequality）として，不平等は，どの進学率の段階にあっても実質的に（effectively）維持されるという仮説を実証的に主張し（Lucas 2001），日本でもあてはまることが確認されている。

　実質的に残る不平等をどのように説明するかについての 1 つの説明の仕方として，**相対的リスク回避仮説**がある。出身階層の高い人々にとっては，進学することがリスク回避であり，出身階層の低い人々には高い教育を受けないことがリスク回避であるという仮説である（Breen and Goldthorpe 1997）。

　いずれにせよ，進学行動や進学しようとする願望（**アスピレーション**）がいかなる不平等として存在しているかは，教育社会学の

　不平等の歴史的なメカニズムを説明したのが経済学者のT. ピケティである。ピケティは $r>g$ という公式を示した。これは，資産の利子率（r）は経済成長率（g）よりも常に大きいという公式である。言い換えるならば，資本家がもつ財産を運用する利率は，労働者が働いて得る賃金の上昇率よりも大きいということである。資本主義社会のなかで所得の不平等が広がり続けることをピケティは実証した。この傾向は先進国全般に見られるものの，特にアメリカで明瞭に見られる（ピケティ 2014）。

　アメリカでは，日本以上に大学の学費が高額であるため，高額所得者が名門大学に集まる傾向が顕著になっている。この傾向に警鐘を鳴らしたものとして，社会的公正を研究してきた哲学者のM. サンデルがいる。サンデルは，現代世界で，平等化の原理としてメリトクラシーの考え方を応用することに疑いの目を向けている（サンデル 2021）。すでに，教育社会学の研究で，メリトクラシーが行きわたると，親の富と願いが子どもの教育に影響を与える**ペアレントクラシー**に変化していくことが1990年の論文で警告されている（Brown 1990）。日本でも，子どもの学力や受験における親の影響力の高まりについて，ペアレントクラシーの概念が用いられて論じられてきている（望月 2011；志水 2022）。また，近年は，**グローバル化**★が進むなかで，グローバルな世界で通用する文化資本を求める行動や人々の移動がもたらす影響について，国内外で注目が集まっている（額賀 2013）。

3　先進国の不平等と途上国の不平等

▷ 国と国との間の不平等は広がっているか？

　南北問題という語句はどこかで聞いたことがあるだろう。世界における豊かな北の国々と貧しい南の国々の格差を示す言葉である。世界の国と国との不平等は現在，どのような状況にあるのだろうか。経済学者の B. ミラノヴィッチは，まるで象の背中のような曲線を描いていることから，エレファントカーブと名づけた曲線を用いて，世界の不平等を説明している（ミラノヴィッチ 2017）。図 3-1 は，1988 年時点での世界の人々の収入を左から右へ，少ない人から多い人に順に並べたうえで，2008 年までに，どれだけ伸びたのかをプロットしたものである。象の頭の近くで，一番上昇している点 A のあたりは，中国や東南アジアの中間層である。一方，象の鼻の元の部分のように下がっている点 B の部分が日本を含む先進国の下位中間層で，しっぽの低くなっている部分が世界の最貧国である。また，象の鼻の先のように，伸びている点 C は，世界の上位 1% の人たちの収入の上昇である。ここからわかるように，富める者がますます富んでいる一方で，世界の最貧国はグローバルな発展から取り残されている。

　社会学者の S. サッセンは，国と国との間の不平等だけでなく，「**グローバルシティ**」と呼ばれるグローバル化した世界のハブ（結節点）となる都市とそうでない地域との間の不平等が生じると論じている。この書籍が 1990 年に出版された際は，ニューヨーク，ロンドン，東京の 3 都市がグローバルシティの事例としてあげられ

図3-1 グローバルな所得水準で見た1人当たり実質所得の相対的な伸び（1988-2008年）

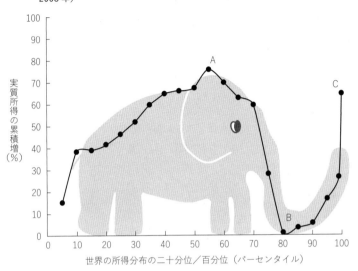

（出所）ミラノヴィッチ　2017：13。

ていた（サッセン　2018）。

　その後，東京はグローバル化においては，シンガポールなど成長著しいアジアの諸都市から遅れをとった。世界全体で見てみると，グローバルシティの覇権をめぐる競争と，都市部と対比される農村地域の不平等が同時に存在する状況となっている。

▷　**絶対的貧困と相対的貧困**

　図3-1のエレファントカーブで示したように，世界のグローバルな所得水準で，日本は比較的豊かな国に位置する。ただし，世界全体の経済成長に比して，国全体の成長が鈍く，格差や貧困の問題が論じられている。一方で，世界を見渡すと，世界の富の増加の恩

コラム8 SDGsと不平等と教育社会学　SDGs（Sustainable Development Goals：持続可能な開発目標）は，国連で全会一致で採択された2030年までに持続可能でよりよい世界を目指す国際目標である。SDGsのこの目標と教育の関係を考えようとすると，多くの人は17の目標のうち，「4. 質の高い教育をみんなに」が重要だと考える。

しかしながら，教育社会学の観点から見て，もう1つ，重要な目標がある。それは，「10. 人や国の不平等をなくそう」である。そもそもなぜ「質の高い教育をみんなに」普及させねばならないかといえば，人や国の不平等があるからである。さらには，そこにジェンダーの不平等も存在している。

そもそも，SDGsが第1に掲げる目標は，「1. 貧困をなくそう」である。世界の「持続可能な開発」とは，環境を守るだけではない。SDGsが掲げる開発の目標は，不平等を減らし，貧困をなくし，ジェンダーの平等を推進して，質の高い教育をみんなに提供することである。このように，目標を関連させて理解すると，教育社会学から分析できる国内外の発展をめぐる問題とSDGsが深くかかわっていることを理解できるだろう。

恵を受けていない最貧国もある。

この先進国の貧困と途上国，最貧国の貧困の違いについては，**絶対的貧困**と**相対的貧困**の概念の違いから理解することができる。絶対的貧困とは，2022年4月時点での定義では，1日あたり1.90ドル未満で生活している人たちのことを指す。このような人たちは，世界全体で7億人以上はいると推計されている。また，絶対的貧困の状態にある子どもは3億5000万人程度いると推計されている。

これに対して，先進国の貧困は，相対的貧困の概念によって理解される。相対的貧困とは，OECDなどで用いられる国際比較においては，手取りの世帯所得（収入−税金・社会保険料＋年金給付）の中央値の半分以下によって算出される。すなわち，その先進国で生活するにあたり，その水準が社会で期待されているよりもかなり低い状態であることを示している。第5章コラム11で取り上げるが，日本の場合は，母子世帯の相対的貧困率が際立って高いことが多くの研究で指摘されている。

絶対的であれ相対的であれ，貧困状態にある子どもたちに教育を通じて解決を図る方法の1つとして，ノーベル経済学賞を受賞したA.センが提唱する「ケイパビリティ」（潜在能力）の考え方を応用した**ケイパビリティ・アプローチ**がある。センは，「ケイパビリティ・アプローチの焦点は，最終的に実際に行なったことだけにあるのではなく，実際に行なうことのできること（実際にその機会を利用するしないにかかわらず）にある」と述べている（セン 2011：341）。

教育を通じたケイパビリティ・アプローチとは，教育によって，できることを増やしていき，生きていくなかで良質な選択肢をもっている状態になることを目指す。そして，良質な選択肢をもち，能力を発揮できる社会づくりを目指していく考え方である。

*** *Exercise* 演習問題 //

あなたの身のまわりの方の学歴や職業とあなたのこれまでの学歴を書き出してみて，どのような社会移動（世代間移動・世代内移動）があるか見てみよう。また，そこに経済資本，文化資本，社会関係資本はどのように影響しているかを考えてみよう。

*** *Book guide* 読書案内 ***

・平沢和司，2021，『格差の社会学入門 —— 学歴と階層から考える〔第2版〕』北海道大学出版会

　　副題が「学歴と階層から考える」となっており，本書の第2章と本章の内容についての体系的な理解を深めるのに最適な入門書である。

・松岡亮二，2019，『教育格差 —— 階層・地域・学歴』ちくま新書

　　この本によって，一躍「教育格差」は広く知られる事実となった。文献や注が充実しており，専門の入口としても最適である。

・R. ウィルキンソン・K. ピケット，2020，『格差は心を壊す —— 比較という呪縛』東洋経済新報社

　　イギリスの経済学者と疫学者が執筆した不平等がもたらす社会的不利益の告発本。海外の不平等研究の入門書としても最適である。

*** *Bibliography* 参考文献 ***

日本語文献

片岡栄美，2019，『趣味の社会学 —— 文化・階級・ジェンダー』青弓社。

苅谷剛彦，2009，『教育と平等 —— 大衆教育社会はいかに生成したか』中央公論新社。

苅谷剛彦，2014，『増補 教育の世紀 —— 大衆教育社会の源流』筑摩書房。

小林雅之，2021，「大学無償化法の何が問題か —— 特異で曖昧な制度設計」松岡亮二編『教育論の新常識 —— 格差・学力・政策・未来』中央公論新社。

サッセン，S.，2018，『グローバル・シティ —— ニューヨーク・ロンドン・東京から世界を読む』（伊豫谷登士翁監訳）筑摩書房。

サンデル，M.，2021，『実力も運のうち —— 能力主義は正義か？』（鬼澤忍

訳）早川書房。

志水宏吉, 2014, 『「つながり格差」が学力格差を生む』亜紀書房。

志水宏吉, 2022, 『ペアレントクラシー――「親格差時代」の衝撃』朝日新聞出版。

白川優治, 2018, 「奨学金制度の歴史的変遷からみた給付型奨学金制度の制度的意義」『日本労働研究雑誌』No. 694（5月号）：16-28。

セン, A., 2011, 『正義のアイデア』（池本幸生訳）明石書店。

額賀美紗子, 2013, 『越境する日本人家族と教育――「グローバル型能力」育成の葛藤』勁草書房。

橋本健二, 2020, 『〈格差〉と〈階級〉の戦後史』河出書房新社。

パットナム, R. D., 2006, 『孤独なボウリング――米国コミュニティの崩壊と再生』（柴内康文訳）柏書房。

パットナム, R. D., 2017, 『われらの子ども――米国における機会格差の拡大』（柴内康文訳）創元社。

ピケティ, T., 2014, 『21世紀の資本』（山形浩生・守岡桜・森本正史訳）みすず書房。

ブルデュー, P., 1990, 『ディスタンクシオン――社会的判断力批判Ⅰ・Ⅱ』（石井洋二郎訳）藤原書店。

ブルデュー, P., 2012, 『国家貴族――エリート教育と支配階級の再生産Ⅰ・Ⅱ』（立花英裕訳）藤原書店。

ミラノヴィッチ, B., 2017, 『大不平等――エレファントカーブが予測する未来』（立木勝訳）みすず書房。

望月由紀, 2011, 『現代日本の私立小学校受験――ペアレントクラシーに基づく教育選抜の現状』学術出版会。

ヤング, M., 2021, 『メリトクラシー』（窪田鎮夫・山元卯一郎訳）講談社。

湯浅誠, 2008, 『反貧困――「すべり台社会」からの脱出』岩波書店。

リン, N., 2008, 『ソーシャル・キャピタル――社会構造と行為の理論』（筒井淳也ほか訳）ミネルヴァ書房。

外国語文献

Breen, R. and J. H. Goldthorpe, 1997, "Explaining Educational Differentials: Towards a Formal Rational Action Theory," *Rationality and Society*, 9 (3)：275-305.

Brown, P., 1990, "The 'Third Wave': Education and the Ideology of Parentocracy," *British Journal of Sociology of Education*, 11（1）：65-86.

Featherman, D. L., F. L. Jones and R. M. Hauser, 1975, "Assumptions of Social Mobility Research in the U. S.: The Case of Occupational Status," *Social Science Research*, 4（4）：329-360.

Lenski, G. E., 1954, "Status Crystallization: A Non-Vertical Dimension of Social Status," *American Sociological Review*, 19（4）：405-413.

Lucas, S. R., 2001, "Effectively Maintained Inequality: Education Transitions, Track Mobility, and Social Background Effects," *American Journal of Sociology*, 106（6）：1642-1690.

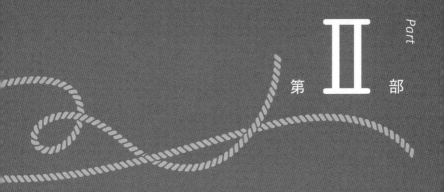

家族から見た教育

Chapter

Introduction

　1990 年代の東京で，とあるシングルマザーが共同保育人を募集する呼びかけを行い，それに応じて集まった人々による少し変わった共同生活が営まれていた。その様子を，そこで育った1人の青年が「沈没家族」というタイトルで映画，そして書籍としてまとめている（加納土『沈没家族』筑摩書房，2020年）。当時，政治家が街で配っていたチラシの内容に腹を立て，自分たちのことを「沈没家族だ」と笑い飛ばしたことがその名の由来だという。チラシに書かれていた内容は，次のようなものだったそうだ。

　　「男が働きに出て，女は家庭を守るという価値観が薄れている。離婚をする夫婦も増えて，家族の絆も弱まっている。このままだと日本は沈没する」

　日本が沈没するとまではいわないにしても，「伝統的」とされる家族の姿が見られなくなったことに危機感をもつような発言は，最近でも耳にすることがあるだろう。沈没家族での生活は，まさにその真逆をいくようなものだったかもしれない。母子のほか，独身の男性や行くあてがなく困っている人，精神的に不調を抱えている人など，さまざまな大人が交流する場としてそこは存在していた。子どもが遊んでいる横で酒盛りをして盛り上がっている人，酔いつぶれて寝ている人がいるような環境は，子育てに適しているとは思われないかもしれない。

　家族の危機や崩壊が叫ばれる一方で，沈没家族の実践は当時，新しい家族のカタチとしてメディアでも紹介されるものになった。ゆるやかなつながりのなかで育てられたことを，当事者である青

年は，「こういうふうに育った子どももいる。僕が言うのもどうかと思うけど，誰かがそばにいてくれたら，子どもはだいたいちゃんと育つのだ」と振り返っている。

　あなたは，このような「家族」のもとで育った子どもについて，どのように感じるだろうか。一般的でない育てられ方をした子どもであって，「可哀想」だと思うだろうか。あるいは，こうした人々の集まりは「家族ではない」と考えるだろうか。そもそも，家族の条件とはどのようなものだろうか。血のつながりがあることだろうか，結婚していることだろうか，メンバー全員が同じ苗字を名乗っていることだろうか。

　家族をどのように定義するか，それ自体が難しい問題となっている。社会学者の U. ベックは，従来の伝統的な共同体としての家族を，すでに死んでしまったにもかかわらず生き残っている「ゾンビカテゴリー」（U. ベック・E. ベック＝ゲルンスハイム『個人化の社会学』ミネルヴァ書房，2022 年）と表現した。

　一方で，私たちが家族をかけがえのないものとして大切に考える意識はむしろ強まっている。統計数理研究所の調査によると，「一番大切なものはなにか」という問いに対してもっとも多い回答は「家族」であり，1958 年の調査以降，上昇傾向にある（統計数理研究所「日本人の国民性調査」2018 年の結果）。

　家族とはどのような存在で，家族をとりまく状況はどうなっているのか。第 II 部では，子育てに焦点をあてながら，家庭教育の現代的課題，学校と家族の関係性など，家族から見た教育について考えていく。

教育の場としての家庭

Quiz クイズ

Q4.1 「家庭の教育力が低下している」といわれ始めたのはおよそいつごろからだろうか。
a. 1960 年　**b.** 1980 年　**c.** 2000 年　**d.** 2020 年

Q4.2 全国学力・学習状況調査の保護者対象調査のなかでは，子どもにどこまでの進学を希望するのかを尋ねている。保護者の学歴・所得が最も高い層が大学までの進学を希望する割合は 80% だった。最も所得が低い層の大学進学希望割合はどの程度だろうか（2017 年の調査で中学 3 年生の保護者が対象）。
a. 30%　**b.** 50%　**c.** 70%　**d.** 90%

Q4.3 「子どもの権利条約（児童の権利に関する条約）」は，子どもの基本的人権を保障するための条約として，1989 年に国連で採択され，日本は 1994 年に批准した。子どもたちがもっている権利として，正しいものをすべて選んでみよう。
a. 教えてもらう権利　**b.** 育ててもらう権利　**c.** 生きる権利
d. 参加する権利

Answer クイズの答え（解説は本文中）

Q4.1　a　　Q4.2　a　　Q4.3　cとd

Chapter structure 本章の構成

4.1 強調される家庭教育
家庭の教育力ってどうなってるの？

4.2 社会階層と子育てスタイル
子育て格差ってあるの？

4.3 子育てにおける子ども
子どもって，育てられるだけの存在なの？

本章の概要

　本章では，現代の家庭教育をとりまく状況について見たあと，教育格差と家庭教育の関係性について学びを進める。そのうえで，大人によって育てられる存在としてだけではない子どもの育ちについて考えていく。

1 強調される家庭教育

しつけは衰退しているか

　あなたはこれまで，有名人の子どもが犯した不祥事に対して，親が謝罪をしている場面を目にしたことはあるだろうか。そのときどのように感じただろうか。有名人に限らずとも，殺人等の重大事件を引き起こした加害者の家族，特にその親が大きなバッシングを受けることはめずらしいことではない。そうした事態を目にしたとき，「親の育て方が悪かったのだから，ある程度はしょうがない」と思うだろうか。それとも，そうした状況に違和感をもった経験があるだろうか。

　あらゆる階層が，学歴主義的競争に巻き込まれながら「家庭の教育力」を自覚させられるようになったのは，高度経済成長期の後半である。そのころから，「家庭の教育力が低下している」という言説も目につくようになった（Q4.1）。しかし，1990年代後半以降はそれがより顕著にもなっており，中央教育審議会答申や改正された教育基本法のなかにも，家庭教育の重要性をうたう文言が追加されている。

　明治後半からの資料を用いて「日本のしつけが衰退している」という言説に異を唱えている広田照幸は，「昔の家庭はしつけが厳しかった」という論じ方は，都市のサラリーマンやインテリ層，地方農村の富裕層の子育てを想定したものであり，多くの庶民の家庭ではかなり放任的な子育てが行われていたという。第1次産業に従事する人口が多かった時代では，子どもの面倒は祖父母や年上の

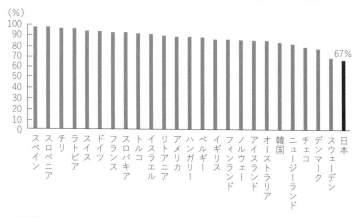

図4-1 収入の少ない家庭の大学生に経済的な援助を与えることは，政府の責任だと思いますか（政府の責任である＋どちらかと言えば政府の責任であるの合計）——

（出所）ISSP Research Group（2018）より作成。

きょうだいが見ることが一般的で，都市でも農村でもしつけや家庭教育に注意を払う親は少なかった。また，7歳までの子どもは神の領域に属するものだという子育て観のもと，小さい子どもを厳しくしつけるという志向性もなかった。それが1960年代以降になると，大正期の新中間層に起源をもつ「教育する家族」が社会全体に広がり，子どもの教育への関心があらゆる層において高まりを見せるようになった。すなわち，「家庭の教育力が低下している」のではなく，「子供の教育に関する最終的な責任を家族という単位が一身に引き受けざるをえなくなってきた」（広田 1999：127）ということなのだ。

　映画やドラマのなかでも美化されがちな「昔の家族」や「昔の子育て」だが，現代の子育てのほうが，より子どもに注目し，親に求められるレベルもあがっていると考えたほうが正確だろう。しかし

ながら，学力格差や子どもの貧困，虐待といった子どもの育ちにかかわる問題が注目されるたびに，家庭の子育て責任を追及する見方はますます強まる傾向にある。

子どもの貧困が社会問題化するなかで，日本は子育てや教育に政府がかける予算が少ない国だという事実も注目されるようになっている。しかし，問題はそれだけではない。それをさほどおかしいことではないと考える人々が多い社会でもあるのだ。図4-1をみれば，経済的に厳しい状況にある家庭の教育費を国が負担すべきだと考える日本の人々は他国に比べて少ないことがわかる。「子どもの育ちは家族次第」と考えられやすいのだ。

▷ 「新しい能力」の誕生？

近年，いわゆる学力テストで測られるような「狭義の学力」だけでなく，意欲や独創性，対人能力や問題解決能力といった柔軟で個人の人格や情動の深い部分に根差した能力が，社会を生き抜くためには必要であるという主張も強くなっている（本田 2005）。そして，こうした「新しい能力」の代表格としてその座を確立しつつあるのが，非認知的スキルと呼ばれるものである。

ノーベル経済学賞を受賞しているJ. J. ヘックマンは，アメリカ社会で進行する不平等の拡大という問題に対して，非認知的スキルを育むことで解決を図ることを主張している。かれは，人生で成功するかどうかは認知的スキル（いわゆる従来型の学力）だけで決まるのではなく，肉体的・精神的健康や根気強さ，注意深さ，意欲，自信といった社会的・情動的性質もまた欠かせないものであるとし，このようなスキルを非認知的スキルとよぶ。そして，認知的スキル・非認知的スキルは，どちらも幼少期に発達し，その発達は家庭

環境によって左右されること，さらに，そうしたスキルの習得状況が成人後の人生に影響を与えていることを，さまざまなデータを用いて説明している。こうした結果をもとに，子育ての質や幼少期の環境を高めることが大切であり，恵まれない家庭に生まれた子どもに幼い時期から手をかけることによって明確で永続的な効果がもたらされ，経済的効果も高くなると主張する（ヘックマン 2015）。

こうした流れは，日本の新しい**学習指導要領★**のなかにも生かされており，学校教育においても非認知的スキルを高める取り組みが進められつつある。こうした多元的な能力を要求する背景には，知識基盤社会や**グローバル化★**，IT 化が進展することで，従来のような「狭義の学力」だけでは生き抜くことができない社会になっているという想定がある。

▷ **能力不安社会のなかの家庭教育**

ただし，こうした「新しい能力」と称されるものが，実は新しい能力ではなく，かなり昔から繰り返し主張されてきたものの焼き直しだとの指摘もある。中村高康によれば，すでに大正期から「学力だけではダメで人間力も必要だ」という主張がなされており，最近になって「新しい能力」なるものが誕生したのではなく，「新しい能力を求めなければならない」という議論自体が渇望される，そうした傾向が強まっていることが現代社会の特徴そのものなのだという。中村はこうした現象を，メリトクラシー（→第3章）の**再帰性★**という言葉で言い表している（中村 2018）。

「新しい能力」が誕生しているというよりは，従来からある能力が言葉を変えて言い表されるようになったととらえるほうが妥当なのかもしれない。しかしながら，こうした言説は，特に子育て世

コラム 9　家庭教育について知るための調査方法　　家庭での子育てや教育について調べたいときには，どのような方法があるだろうか。教育社会学で多く用いられてきたのは，保護者を対象に実施したアンケート調査を分析する方法である。最近では，文部科学省が実施している「学力・学習状況調査」において，調査対象となった子どもの親が回答する保護者票があり，子どもの学力状況と家庭の社会経済的背景や子育ての様子をリンクさせて分析することができるようになっている。また，小学 1 年生から高校 3 年生までの親子およそ 2 万組を追跡調査する大規模なパネル調査などもある（東京大学社会科学研究所・ベネッセ教育研究所 2020）。これらの計量研究では，家族や子育てに関する全体的な傾向やその変化，理論の現実社会でのあてはまりを客観的に検証することができる。

　一方で，質的調査についてはインタビュー調査やフィールドワーク調査があるが，とりわけ後者はほとんど行われていない。それは，家庭が他者からの観察を想定していないプライベートな空間であり，入り込むためのハードルが高いこと，そして研究者自身もそれを想定して尻込みしてしまうことも関係している。

　質的調査の実施には，計量研究では見過ごされてしまうリアリティを深く多面的にとらえることができる点や，「他者」とまなざされる人々の声をひろい，かれらへの理解可能性を押し広げてくれるという魅力がある。一方で，**ラポール**や**オーバーラポール**★といった現地での人間関係のもちようにまつわる問題や，恣意的な決めつけにより他者を表象しようとするカテゴリー化の暴力，といった悩みが常につきまとう。

　また，どのような調査方法であっても，家庭教育のような領域を対象とする際には，「良い子育て」や「望ましい教育」といった規範が先鋭化しやすく，問いの立て方や現象をまなざす際に研究者自身の出身階層に紐づいたバイアスが生じやすいという課題がある。

　調査法は，調べたい対象と目的との関係で選択されるものである。それぞれの方法のメリットやデメリットを知ったうえで実践することで，現代の家族の多様な姿をとらえることができるだろう。

代のなかでも，社会の動向や教育のゆくえに敏感な人々への危機感をあおることには成功しているだろう。早期教育やお受験に熱心な層の存在はすでに指摘されているが，「新しい能力」論争によって，こうした傾向はさらに加速し，小学校入学以前に始まる働きかけにより，家庭環境による子どもの育ちの差はより明確になっていく可能性も懸念される。

2 社会階層と子育てスタイル

▷ 子育ての階層間格差

　各家庭ごとに，子育ての方針やそのスタイルに違いがあることは当然だ。子どものころからたくさんの習い事をしていた人もいれば，そうでない人もいるだろう。テレビを見る時間を厳しくコントロールされていた人もいれば，そうでない人もいるだろう。多くの場合，子育てのあり方は誰かから強制されるわけでもないし，その方法に決まりもなく，それぞれの家庭がそれぞれの考えのもと自由に展開するものである。とはいうものの，子育てには，家族の資源に結びついたある程度のパターンが存在している。

　たとえば，子どもがどのくらいの習い事をするのかは，家庭の経済力によるところが大きく，通塾や習い事などの学校外教育費の額は，世帯年収によって大きく違う（図4-2）。年収があがるにつれて教育費の額は増え，家計に占める教育費支出の割合と比べて見事に真逆の傾向を示している。家庭に経済力があるかどうかによって，学校以外の場所での子どもの活動にも差が出てくるのであり，経済的に厳しい家庭ほど教育費の負担は重くのしかかっているのだ。

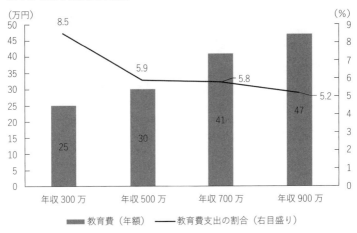

図 4-2 世帯年収別教育費支出

（出所）ベネッセ「学校外教育活動に関する調査」2013 年（小 6 の結果）より作成。

　こうした違いは，子育ての階層間格差の問題としてとらえられている。こうした格差のなかには，家庭にどれだけお金があるのかといった経済的資源にかかわることだけでなく，文化的な環境による違いも含まれている。たとえば，家庭にある蔵書数や，子どもが小さいころ，親がどれくらい絵本の読み聞かせをしたかといった，子どもに対する働きかけにも社会階層による差が存在することが示されている（苅谷・志水編 2004 など）。

　また，家庭のなかでの話し方にも違いはあらわれる。文化的再生産論の 1 つである B. バーンスティンの言語コード理論では，言語運用と学校での成功との関連が示されている。話し言葉を規制する原理には，限定コードと精密コードの 2 つがあり，前者は文脈依存的で語彙が少ないなどの特徴をもち，後者は代名詞が少なく語彙も豊富で，誰にでもわかりやすい話し方である。そして，労働者階

級の子どもは前者のみを使用するのに対して，中産階級の子どもは両方を使い分けることができる。学校では精密コードを求められる場面が多いため，労働者階級の子どもはうまく適応できず，成績にも影響が出てくる（バーンスティン 1981）。日本でも小学 1 年生の時点で，それぞれの子どもの言語運用にはすでに階層差があり，**ホワイトカラー★**層の子どもは**ブルーカラー★**層の子どもに比べて文脈に依存しない説明的な文章を用いる傾向があるという（前馬 2011）。

　さらには，子どもにどこまで進学することを望むのかという学歴期待にも階層差が存在する。クイズ（**Q4.2**）でみたように，保護者の学歴や収入が最も高い層が子どもに大学進学を期待する割合と，最も低い層のそれでは 5 割もの差がある（平成 29 年度「学力調査を活用した専門的な課題分析に関する調査研究」：「保護者に対する調査の結果と学力等との関係の専門的な分析に関する調査研究」お茶の水女子大学）。子どもが大学まで進学することを当然のものとしてとらえる家族とそこまでは望まない家族の差は，階層差に結びつく場合が多い。

▷　自然な成長と計画的育成

　欧米の研究のなかには，子育ての差異の背景にあるロジックや，子どもに伝達される価値について，階級と子育てという視点から体系的に明らかにしているものがある。A. ラローは，労働者階級の子育て方式を「自然な成長」（accomplishment of natural growth），中産階級のそれを「計画的育成」（concerted cultivation）と名づけ，その違いについて詳細に提示している（Lareau 2003）。

　2 つの子育て方式の違いは，たとえばこうだ。中産階級の家庭では，大人が子どもの余暇活動を積極的に用意し，習い事や課外学習等で子どもたちは忙しく過ごしている。言語使用の面では，大人の

発言に対する子どもの論争や，広範囲にわたる親子の交渉が繰り広げられる。社会関係に関していえば，祖父母などを含めた拡大家族の絆は弱く，子どもたちは同年齢集団のなかで育つものの，子どもの発達や社会的スキルを刺激するための計画的で継続的な努力が親によって展開される。

それに対して労働者階級の家庭では，拡大家族の強い絆と異年齢集団のなかで，子どもたちだけの自由な余暇を過ごす。大人の発言に対する子どもからの質問や挑戦は少なく，大人の指示に対しては従うことが求められる。基本的な生活の世話さえしていれば子どもは育つと考えられているために，子どもの発達を促すような積極的な働きかけはあまり見られない。

さらに，公的組織とのやりとりを通して，中産階級の子どもたちには，自分自身が特別であり，権威をもつ者と対等な関係性を築く存在であるという自覚が生じ，権利意識が芽生えていく。対して，労働者階級や貧困家庭の親は，専門家（たとえば医師）とのやりとりに際し用心深くおとなしい。子どもたちはそうした親の姿を見ることで，なおかつ，家庭で命令的なやりとりを体験しているために，専門家に対しても同じような反応をする。そうしたなかで子どもたちに芽生えるのは，制約意識なのだ。

▷ **優れた子育てはあるのか**

欧米の研究のなかで描かれる，階級や階層によって異なる子育ての姿は，日本の場合にはどの程度あてはまるのだろうか。ラローの知見が日本にどの程度あてはまるのかを検討した本田由紀によれば，高学歴層は，子どもに可能なかぎり多様な経験をさせ，個性や独自性，自由な発想を身につけること，マナーや口の利き方を重視し，

将来的には主体性や専門性を身につけてほしいと願っている。他方で学歴が高くない層は，人を傷つけないことや思いやりを重視し，人並みに自立した「普通」の大人になることを期待している。ただし，こうした違いはラローの研究で示されているような明確な2つの社会階層への分化というよりは，連続的なグラデーションの形をとっているとする（本田 2008）。

　日本には欧米ほどの明確な子育ての分化が生じていないことは，他の研究でも示されているが，既存研究では十分にカバーできていない貧困層や被差別マイノリティに着目してみれば，子育て格差の実態は，よりはっきりとした輪郭をもって浮かび上がってくる可能性もあるだろう。

　そのうえで，あらためてここで確認しておきたいことがある。それは，ラローが示しているのは，どちらの子育てが良い／悪いという話ではなく，それぞれの親が，それぞれの方針のもとに展開している子育てが，一方では子どもの利益につながり，もう一方には不利益を生じさせるという社会の矛盾なのである。中産階級によって支配された暗黙のルールが席巻する学校のなかで，労働者階級の子どもは最初から不利な戦いを強いられている（Reay 2017），そのことが問題視されているのだ。

　また，私たちはどうしても，親の意識や努力，熱心さに注目し，それを賞賛する傾向がある。ともすれば無責任と思われる家庭は存在するかもしれないが，そこにいたる過程や背景に目をやれば，また違った見方ができるかもしれない。そして，特定の階層に有利なルールが存在していること，それ自体を疑ってみることも必要だろう（→第3章）。

3 子育てにおける子ども

▷ 子ども期の誕生

　教育社会学のなかで家族と教育の関係性を扱う場合，子どもの教育達成とそこに与える家族の影響に焦点をおく場合が多い。そして，家族の教育戦略と称されるこれらの研究では，親の影響が大きく見積もられすぎる傾向がある。いうまでもないが，子どもの育ちに影響を与える存在は親だけではない。きょうだいや祖父母，親類，近隣の人，学校や習い事でかかわる大人，子どもの友人など，多様なアクターが子どもの育ちに影響を与える。

　また，きょうだいがいる家庭では，出生順や性別だけでない，個々の子どもの特性に応じた親の働きかけ方の違いがある。そして何より，子ども自身が自らが置かれた環境のなかで何を考えどのようにふるまうのかを判断する，育つ主体としての存在であることを忘れてはならない。

　育児についての考え方には，「育てる・育てられる」側面を強調する立場と「育つ」側面を強調する立場の2つが存在する。子どもの育つ側面を強調することには，子育ての責任を放棄するような無責任さを感じる場合もあるかもしれない。しかし，そうではなく，「子どもの最善の利益」を損なうような親による過剰介入を減らすことにもつながる（舩橋 1999）。

　育児において「育てる」側面が強調される場合，そこには，私たちがもつ子ども観が影響している。おそらく現代の多くの人が共有しているであろう子どもへのまなざし——大人に保護され，愛情を

もって育てられ，未熟であるがゆえに訓練が必要な対象——は，人類普遍のものではなく，歴史のなかのある時期に誕生した子ども観といえる。

　P. アリエスによれば，中世の社会で「子ども」に相当していたのは乳幼児期までであり，7, 8歳ごろになった子どもは「小さな大人」として考えられ，仕事でも遊びでも，大人と子どもの世界は区別されていなかった。子どもは大人に混じって同じような遊びをし，同じように働き，同じような服を着ていた。それが16・17世紀ごろになると，学校教育の拡大や近代家族（→第6章）の誕生により，労働から解放され，健康と教育への細心の配慮がなされる愛情の対象としての子どもが誕生することとなる。こうした子ども期への注目により，子どもへの特別なまなざしが強調され，子どもは保護される対象であると同時に，大人社会への同化を強いられる存在としてとらえられるようになった（アリエス 1980）。

▷ 子育ての社会化

　すでに見たように，家庭教育のあり方，とりわけ親が子どもを「育てる」側面が強調されるなかで，子どもが「育つ」側面に注目することは，子育ての社会化を進める試みにもつながる。

　子育ての社会化とは，家庭のなかという閉じられた空間で親の責任のもと行われるととらえられている育児を，政府や自治体，地域など社会全体で支えていこうという考え方である。子育ての社会化にかかわる議論自体は，1950年代までさかのぼることができる「古くて新しい問題」である。それが，1989年に合計特殊出生率（15歳から49歳までの女性の年齢別出生率を合計したもの）が1.57に落ち込んだ「1.57ショック」により，少子高齢化社会が問題化され

るようになったことから，より具体的な対策として提起されるようになった。具体的には，保育所の数を増やしたり預かり時間を延長するなどの子育て支援サービスの拡充が主であり，あくまでも「子育ては第一義的には家族を中心として行われるもの」という前提が問い直されているわけではない。松木洋人は，保育ママなどの子育て支援者は，子育てを親の責任とする「子育て私事論」を参照しながら保育を行っており，子育て支援が家族としての**規範***や責任を弛緩させるわけではないと指摘する（松木 2013）。子育ての責任は家族（親）にあるという考え方はいまだ根深いものの，「育つ」側面に注目することは，こうした考え方に転換をはかる契機にもなるだろう。

▷ 人生の主体としての子ども

また「育つ」側面への注目は，子どもを保護や矯正の対象としてだけでなく，人格の主体として認め，権利主体として尊重するという意味でも意義がある（舩橋 1999）。1980 年以降，日本でも子どもの権利に関する議論が盛んにされるようになり，そのきっかけとなったのが「子どもの権利条約」である。

1951 年に制定された「児童憲章」においても子どもの権利保障は確認されていたが，そこでとらえられている子どもの姿は，あくまでも大人に保護され与えられるという受け身の存在であった。しかし，子どもの権利条約においては，子ども自身が権利の主体であることが強調されている。子どもには，住む場所や食べるものがあり，適切な医療を受けて「生きる権利」があり，もって生まれた能力を伸ばしながら「育つ権利」があり，暴力や搾取，有害な労働から「守られる権利」がある。

コラム10 研究倫理 卒業論文や修士論文などを執筆するために研究を始めようとする人たちにとって，避けて通れない問題となっているのが研究倫理である。現在，「人を対象とする」調査や実験を行う際には，所属する機関で倫理審査を受けることが求められるようになっている。そもそも，研究倫理審査という考え方は，医学研究のなかで発展してきた。医学の世界では，人体実験を含む非人道的な調査が，研究の名のもとに行われていた歴史がある（ナチス・ドイツの医学犯罪など）。そうしたなかで1964年に出されたヘルシンキ宣言は，人を対象とした研究における研究参加者の権利保護について，医療界自らが宣言をおこなったという点に歴史的意義があった。

　社会科学分野で研究倫理の問題に焦点があてられるようになったのは比較的最近のことであるが，それ以前にも，「調査害」という言葉により，研究者が対象者や組織に与える負の影響に関する議論はされていた。とりわけフィールドワークのような，対象と深くかかわる調査研究においては，研究という行為に伴う暴力性について反省的にとらえられてきた。質的調査データの扱いに関しても，当事者の了解やフィードバックを得ないまま成果を公表することは倫理的に許されないという規範が存在している。ただし，こうした事前チェックは，時として研究成果が世にでることを阻むものにもなりうる。

　また，社会調査に基づく優れた研究のなかには，ある種の潜入捜査のように，研究者としての身分や研究目的を明かさずに実施されたものも少なくないが，こうした調査は研究倫理に反するとして実施困難になりつつある。そして，調査研究のなかで本当に対象者保護がなされているのかは，審査を通すこととは別のレベルで問いかけられている課題でもある。日本教育社会学会の研究倫理宣言・倫理規程についてはこちらを参照してほしい（https://jses-web.jp/rules/ethicalcode）。

そしてもう1つ,「参加をする権利」は,子どもが自由に自己の意見を表明することや,プライバシーが保護され,適切な情報にアクセスする権利を保障するなど,子どもの自己決定権を重視するものである。子どもの権利条約批准時の掛け声である「保護の客体から権利行使の主体へ」という考え方は,「子どものため」という名目で行使される親による子どもへの支配——しつけという名の暴力や,過剰な教育期待や生活の管理など——について考える土台になるし,体罰や校則といった現代の学校問題を考えるうえでも参考になるだろう。

　子どもの貧困についても,家族の陰に隠れがちな存在である子ども自身が,どのように感じ,何を考え,どう行動しているのか,その主観的世界に注目する必要がある。家族がもつ経済的資源や文化的資源が不足することは,さまざまな形で子どもの育ちに影響を与えるが,そうした環境のなかで子どもは,なす術がなく一方的に剝奪されるだけの存在ではない。子どもは,貧困によって生じている目の前の困難状況をコントロールしながら能動的に対処する存在でもあるのだ（Millar and Ridge 2013）。

　子どもの声を聴き,子どもの視点から家族と教育の関係を解き明かすことも,教育社会学には求められている。

*** **Exercise**　演習問題 ///

　巷にあふれる子育て本を読み比べてみよう。そこに書かれている望ましい子育て,親の姿にはどのようなものがあるだろうか。また,外国の子育てを扱った本があれば,そのなかで書かれている内容と日本のものを比較して,わかったことをまとめてみよう。

Book guide 読書案内

・小口尚子・福岡鮎美，1995，『子どもによる子どものための「子どもの権利条約」』小学館

　中学生2人が訳した子どもにもわかる子どもの権利条約。日本政府による訳と見比べながら，条約のエッセンスが把握できる。

・S. D. ハロウェイ，2014，『少子化時代の「良妻賢母」── 変容する現代日本の女性と家族』（高橋登・清水民子・瓜生淑子訳）新曜社

　母親へのインタビューを通して，日本で女性が育児に取り組むうえでのさまざまな障壁が明らかにされる。海外の研究者が描く矛盾に満ちた日本の子育て環境に触れてみよう。

・松木洋人，2013，『子育て支援の社会学── 社会化のジレンマと家族の変容』新泉社

　「子育て私事論」と「支援の論理」という二重化状況のなかでの支援者のジレンマを通して，育児の社会化とはなにか，考えてみよう。

Bibliography 参考文献

日本語文献

アリエス，P，1980，『〈子供〉の誕生──アンシアン・レジーム期の子供と家族』（杉山光信・杉山恵美子訳）みすず書房。

苅谷剛彦・志水宏吉編，2004，『学力の社会学──調査が示す学力の変化と学習の課題』岩波書店。

東京大学社会科学研究所・ベネッセ教育研究所，2020，『子どもの学びと成長を追う──2万組の親子パネル調査から』勁草書房。

中村高康，2018，『暴走する能力主義──教育と現代社会の病理』筑摩書房。

バーンスティン，B.，1981，『言語社会化論』（萩原元昭編訳）明治図書出版。

広田照幸，1999，『日本人のしつけは衰退したか──「教育する家族」のゆくえ』講談社。

舩橋恵子，1999，「〈子育ち〉の社会的支援と家族」『家族社会学研究』11：25-35。

ヘックマン，J. J.，2015，『幼児教育の経済学』（古草秀子訳）東洋経済新報社。

本田由紀，2005，『多元化する能力と日本社会──ハイパー・メリトクラ

シー化のなかで』NTT出版。

本田由紀，2008，『「家庭教育」の隘路――子育てに強迫される母親たち』勁草書房。

前馬優策，2011，「日本における『言語コード論』の実証的検討――小学校入学時に言語的格差は存在するか」『教育社会学研究』88：229-250。

松木洋人，2013，『子育て支援の社会学――社会化のジレンマと家族の変容』新泉社。

外国語文献

ISSP Research Group, 2018, "International Social Survey Programme: Role of Government V-ISSP 2016," *GESIS Data Archive*, Cologne.

Lareau, A., 2003, *Unequal Childhoods*, University of California Press.

Millar, J. and T. Ridge, 2013, "Lone Mothers and Paid Work," *International Review of Sociology*, 23（3）：564-577.

Reay, D., 2017, *Miseducation: Inequality, Education and the Working Classes*, Policy Press.

ジェンダーと子育て

第 5 章

Quiz クイズ

Q5.1 世界経済フォーラムは，各国の男女格差を測るジェンダーギャップ指数を公表している。2021 年の結果から，男女の格差が日本よりも大きい国をすべて選んでみよう。
a. インドネシア　**b.** 韓国　**c.** インド　**d.** タイ

Q5.2 OECD（経済協力開発機構）に加盟する国のうち，男性の大学進学率（四年制）が女性を上回る国はおよそ何割あるだろうか。
a. 1 割　**b.** 3 割　**c.** 6 割　**d.** 9 割

Q5.3 小中学校の男女それぞれの教員に対して，「子どもが未就学児から小学校の時期に，家事・育児等，家庭生活の役割をどの程度担っている（た）か」を尋ねた。半分以上を「パートナーではなく自分がしている」と答えた割合は，男女それぞれでどの程度だろうか（国立女性教育会館「学校教員のキャリアと生活に関する調査」〔平成 30 年〕より）。
a. 女性教員：3 割　男性教員：8 割
b. 女性教員：5 割　男性教員：5 割
c. 女性教員：6 割　男性教員：4 割
d. 女性教員：8 割　男性教員：1 割

Answer クイズの答え（解説は本文中）

Q5.1　c　　　Q5.2　a　　　Q5.3　d

Chapter structure 本章の構成

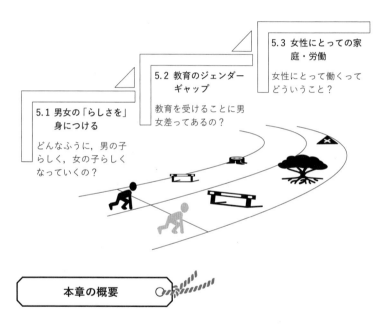

5.3 女性にとっての家庭・労働

女性にとって働くってどういうこと？

5.2 教育のジェンダーギャップ

教育を受けることに男女差ってあるの？

5.1 男女の「らしさを」身につける

どんなふうに，男の子らしく，女の子らしくなっていくの？

本章の概要

　本章では，世界的に見ても男女が平等であるとはいいがたい日本のいまについて考える。男女の性にまつわる「らしさ」がどのようにしてつくられ，結果として男性や女性の役割を固定化し，教育を受ける機会や働くうえでの男女格差につながっているのかを，家庭や家族の領域に焦点を絞って見ていくことにしよう。

1 男女の「らしさ」を身につける

▷ 認知発達の影響

　人は，生まれたときから「女か男か」の2つの性別カテゴリーに振り分けられて人生を歩むことになり，子どもも，非常に早い時期から性別に基づいて人を分類することを学ぶ。乳児は生後7カ月までに，相手の髪の毛の長さや声の高さを手がかりとして，男性と女性の顔や声を識別できるといわれている（Bussey and Bandura 1999）。それは，乳児が判断できるほど，まわりの人間たちが男か女かに割り振られた性を生きる傾向にあるということだ。それでは，人はどのようにして男女の「らしさ」を身につけていくのだろうか。

　まずは，子どもの認知発達にかかわる側面から考えよう。知的に発達し自己意識が芽生えるなかで子どもは，自分の性についての素朴な知覚をもつようになり，2歳くらいになれば自分や他人の性を，身体的特徴を手がかりにして見分けられるようになる。

　しかし，大人になったときに自分が母親になるのか父親になるのかは答えることはできず，自分の外見や行動によって性は変わるものだと考える傾向にある。その後，成長に伴い性の恒常性を求めるなかで，「私は女の子（男の子）だから，女の子（男の子）向きのことをしたい」（Kohlberg 1966）といったように，認知と行動を一致させようとする。つまり，自分のジェンダーアイデンティティを確認するために，男女のらしさに従った行動をとるようになるということだ。

　また，性別をもとにした知識構造であるジェンダースキーマの形

成も，性に基づくらしさを方向づけていく。子どもたちのまわりは，しばしば男女で区別された情報にあふれている。男性はスカートをはいていないし，女性の髪は長い。お母さんは料理をするし，お父さんは車の運転をする。子どもが世界をまなざすときの重要なレンズとして存在するのがジェンダースキーマであり，それに適合した情報を追い求め，それに基づいた行動をとるようにもなっていくのだ。

ただし，ステレオタイプな男女のらしさを知っているからといって，そのとおりに行動しようとするばかりではない。ジェンダースキーマは，子どもの認知発達とともに環境との相互作用からもつくられるのであり，私たちの生きる世界のジェンダー秩序が変化すれば，それに伴い修正されるものでもある。そのため，子どもをとりまく環境も，子どもがジェンダーを身につけていく過程にはかかせない。

▷ 環境を通して学習する

子どもの育ちは環境次第と考える人は少なくないだろうが，ジェンダーについても同じことがいえる。社会的学習理論（バンデュラ 1979）によれば，子どもは親や友達，先生など自分のまわりにいる人々のふるまいを観察することによって望ましい行動と望ましくない行動を学習する。こうした学習は同性の大人を模倣することにもつながり，自分の言動に対する周囲からの評価もあいまって，自分の性別にふさわしいふるまいをするようになる。

なかでも親は，男性あるいは女性らしさのモデルであるだけでなく，性別にそった行動をとっているかどうかによって賞罰を与える存在でもある。たとえば男の子がディズニープリンセスに夢中で誕

図 5-1　どんな子どもに育ってほしいか

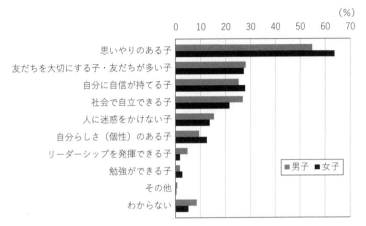

（出所）　学研教育総合研究所『幼児白書 web 版』2017 年 8 月調査より作成（3〜5 歳の子どもの保護者対象）。

生日にはドレスを買ってほしいといえば，心配し，電車や戦隊シリーズに興味をもたせようとする親は少なくないだろう。

　また，保護者が考える「どんな子どもに育ってほしいか」という子どもに期待する性質も，男女で大きく異なっている。図 5-1 をみると，「思いやりのある子」は男女ともに最も多い回答だが，女子のほうでより多い。男子が女子よりかなり多いのは，「社会で自立できる子」である。

　他者との協調性が求められる女子に対して，男子には家族を養う大黒柱としての役割を求める傾向は，他の調査にも共通してみられる子どもへの期待の性差である。このような親の期待は，子どもにとっては男女の望ましいあり方として受け取られ，次第に子どももそのような要素を身につけていくようになる。

▷ 性役割の社会化

家族は第1次社会化の場として，言葉の獲得や性役割の習得において重要な役割を担っている。T. パーソンズは，核家族の機能を，子どもの社会化と成人のパーソナリティの安定化にあるとしたうえで，出産や育児にかかわる生物学的機能が欠けている男性は，家族と外の世界をつなぐ「道具的役割」を担い，女性は家族内メンバーの情緒的関係の調整をはかる「表出的役割」を担わされるという機能分化を提示した。そのうえで，子どもはそれぞれ同性の親をモデルに社会化されると説明している（パーソンズ・ベールズ 2001）。

こうした「性役割の社会化」という考え方のなかでは，社会化エージェントが発するメッセージが重要視される。社会化エージェントとは，子ども時代のジェンダー社会化プロセスのなかで役割を果たす個人またはグループのことであり，主要なものとして親，教師，仲間，そしてメディアがあげられる。子どもたちに対して向けられる性役割期待を子ども自身が内面化することにより，男女で異なるパーソナリティ特性や行動パターンが習得されていくと考えられるため，どのようなメッセージが伝えられているのかが重要視された。

しかし，性役割の社会化という考え方は，社会的学習理論にも共通する課題を抱えている。それは，子どもを，他者からの期待やメッセージをそのまま吸収し，内面化する空っぽの器のような存在としてとらえているところだ。子どもはジェンダーの**規範**★を内面化するだけでなく，それを構築したり，抵抗したり，変化させたりする存在でもある。

ジェンダーは構築される

　構築主義（→第8章）の立場から社会化理論を見た場合には，ジェンダーを「性役割」として実体化してとらえることへの異議申し立てもなされているが，ここでは，子どもの主体性が無視されているという点にしぼって見ていこう。

　藤田由美子は，思春期以前の子どもたちが特に，男らしさや女らしさを受動的に内面化する存在としてとらえられがちであることに異議を唱え，幼稚園でのフィールドワークを通して，幼児が遊びを通じて，男か女かという二分法的なジェンダーをいかにしてつくっているのかを明らかにしている（藤田 2004）。

　たとえば，青色のボールを取り合う場面では，青は男の子の色だと主張する男児に対して，青は青汁の色なのでままごと遊びをする女の子の色であると，女児からの反論がなされる。こうした反論は，「女性＝料理をする」という「二分法的なジェンダー」の枠組みのなかで行われるものだ。子どもたちは，子ども同士の相互作用のなかで，互いを男か女かのどちらかに分類しあい，「強い男の子」と「弱い女の子」といったような非対称性に基づきお互いを評価しあっていた。

　このように，子どもを一方的に社会化される存在として見るのではなく，社会的な行為者としてとらえる見方は，大人社会中心の社会化概念への批判でもある。いずれにしても，多くの人がこうして振り分けられた性を生きるなかで，男女は異なる経験をする。まずは，教育について見ていこう。

2　教育を受けることのジェンダーギャップ

▷　男女の教育格差が大きい日本

　あなたはこれまで,「どのような教育を受けられるのか」が,自分の性別によって影響を受けていると感じたことはあるだろうか。たとえばあなたが女性の場合,「兄のように地元から離れた大学に進学したかったのに反対された」という経験はあるだろうか。また男性の場合,「就職に不利になるからという理由で,特定の大学や学部への進学を反対された」という経験はあるだろうか。

　現代の日本では,教育を受けることにまつわるジェンダーギャップはまだまだ大きい。Q5.2 で確認したように,先進国ではすでに,女性のほうが大学に進学する割合の高い国が圧倒的に多い。一方で日本はといえば,四年制大学進学率で女性が男性を下回る数少ない国のひとつである。また,どの学校段階まで進むのかという問題だけでなく,何を学ぶのかという質的側面にかかわる問題でいえば,大学の専攻分野における男女の偏りも存在する。教育や人文科学系に女子が占める割合は 7 割程度なのに対して,自然科学では 3 割程度と少ない。自然科学や工学,数学といった STEM 系（science, technology, engineering and mathematics の頭文字）を専攻する女子学生の割合の低さは OECD 加盟国に共通する傾向ではあるものの,日本は最低レベルの低さである。

　また,いわゆる難関といわれる大学の女子割合を見てみると,東京大学や京都大学ではおよそ 2 割程度,私立の上位校である早稲田大学や慶應義塾大学でも 4 割弱と,いまだ顕著な男女差がある。

アメリカのハーバード大学やイギリスのケンブリッジ大学といった世界有数の名門校の男女比には偏りがないことを考えると，日本はかなり特殊な状況下にあるといえる。

　そして，同じ日本という国に暮らしていたとしても，「どこに生まれるのか」という出身地域によって男女差の現れ方は異なる。**第1章**でも確認したように，都道府県ごとの進学率にはかなりのばらつきがあり，こうした地域間格差の背景には，都道府県ごとの大学収容力の違い（高校卒業年齢の子どもに対する出身県内の大学入学枠）や，地域の所得水準が関係している。

　さらに男女別に見てみれば，最も高い東京都では女子の7割程度が大学進学するのに対して，最も低い鹿児島県の女子の大学進学率は3割程度である。先進国のなかでも低い日本の女子の進学率は，地方の女子ではさらに低水準となるのだ。

　このような進学率の男女差は，女子の学力が男子よりも劣るために生じているのだろうか。教育社会学では，学力が選抜の基準となるメリトクラティックな進路選択に対して，女子の場合にはノン・メリトクラティックな要因が作用すると説明している。たとえば中西祐子は，学校のなかで行われる性役割の社会化に着目し，「妻役割・母役割」という伝統的な女性役割を内面化することによって業績志向が抑制され，結果として学業成績だけでは説明できない進路分化が生まれる様子を「ジェンダー・トラック」という言葉で表現している（中西 1998）。こうした学校のなかでの進路形成の影響はもちろん無視できるものではないが，本章では家族の影響を中心に見ていくことにしよう。

▷ 家族の教育期待

　進学するためにはお金が必要だ。国際的に見ても教育費の公的負担割合の低い日本では，家族がどれだけ教育費を負担できるのかが，重要な条件となる。ただし，経済的な問題だけが進学を左右するわけではない。子どもがどこまでの教育を，そしてどのような教育を受けることを期待するのかという親の意識の違いは，子どもの教育に投資するかどうかの違いに影響し，結果的に子どもの進路を左右する要因になる。

　たとえば，子どもに四年制大学までの進学を希望する割合が男子のほうで高いことは，さまざまな調査で示されている。こうした違いは，ただ単に子どもに対する教育期待が高いか低いかといった一次元的な尺度で測られるものというよりは，親の期待が質的に異なることを意味している。年長児の子どもをもつ親へのインタビューからは，大卒層にとって子どもが大学進学することの意味は，選択肢を広げるための当然のものである一方で，非大卒層にとっての大学教育は，確実な人生設計をもたらすものとしてはとらえられていないことが示されている。そして，会社員や事務職などのホワイトカラー職に就くことよりも，資格や技術を身につけ安定した職を得ることに大きな価値を置く親の語りも紹介されている（金南 2020）。

　非大卒層が大学進学までを望む割合が低い背景には，ただ単に子どもの教育に期待をしないからではなく，「大学を卒業した先の就職は約束されているのか？」という，労働市場との接続から見た大学教育の効用への懐疑という合理的理由づけがあるともいえるのだ。

▷ 維持されるジェンダートラック

　こうした親の期待を反映するかたちで，子どもの進路は形成され

る側面があり，それはただ単に家庭に経済力があるか否かのみによって決まるわけではない。そもそも女子の教育期待が低くなる背景には，社会のなかの性別役割分業意識の存在がある。仕事をもち，家族を支えることが男性のつとめであるという価値観はいまだ支配的であり，良い職業につくための良い教育を受けさせたいという親の意向は，子どもが男児の場合に強くなる。

　そのため，経済的資源の乏しい家庭やきょうだい数の多い家庭では特に，誰に教育を受けさせることにメリットがあるのかという収益率に基づいた男子優先の教育投資がなされ，女子の場合では特に，家庭の状況による影響を受けやすくなる。

　また，非大卒層に比べれば大学教育の効用を期待する考えをもつ大卒層においても，子どもの性別が男子の場合と女子の場合では，教育を受けることに期待する中身は異なっている。たとえば先ほど紹介したインタビュー調査のなかでは，非大卒層に見られる資格や技術の取得といった専門性を求める声は，大卒層においても子どもが女児の場合には一定数確認されている（金南 2020）。

　そしてそれは，女性の場合結婚によって住み慣れた土地を離れたり，出産や子育てによる就業継続が難しくなることを加味した期待でもあるのだ。次節で詳しく見るように，日本の労働市場におけるジェンダーギャップは，教育分野のそれに比べてもはるかに大きい。こうした現実にある意味で適応する形で，女子の進路形成はなされているのだ。

　難関大に進学する女子が少ないことの背景にも，性役割規範の存在がある。同程度の学力レベルであったとしても，女子は男子ほどには難関大に進学しないが，そこには，ライフコースのなかで仕事を重視するからこそ，偏差値だけではない進路選択につながってい

るケースもあり，その代表が看護学部や教職系学部への進学である。確実なキャリアにつながる道筋が明らかで，仕事と家庭の両立が可能な数少ない職業であるこうした専門職を志望することが，女性が学力レベルから見れば可能なより上位の進学先をあえて選択しないことにつながっているのだ（伊佐 2022）。

　つまり，ジェンダートラックは維持されているが，そのメカニズムは女性役割の内面化によって業績志向や就業意欲が冷却★されるという従来型の説明とは異なる形へと変化しているともいえる。働くことを重視するからこそ，威信や偏差値だけに依存しない進路選択をしている場合が，特に女子において見られるということだ。ただしこうした合理的ともいえる選択の背景には，労働市場における優位性や安定性と大学の偏差値レベルの間にねじれが生じるという女性特有の問題があり，やはりそこには，特定の職業へと女性を導いていく「女性専用軌道」（天野編 1986）が残存している。

3　女性にとっての家庭・労働

▷ 男性は仕事，女性は家事育児？

　あなたにとって，仕事をするということはどういうことだろうか。生活するための経済力を求める場合もあれば，やりたいことがあるといった自己実現のため，家業を継がなければならないなど人それぞれだろう。しかし，人生のなかでの仕事の位置づけについて考える場合，男性か女性かによってその意識は大きく異なっている。

　図 5-2 は，大学 1 年生を対象にした調査であるが，男女の意識の違いは一目瞭然である。男子学生に最も多い回答が，「定年後は

図 5-2 仕事をいつまで続けようと考えているか

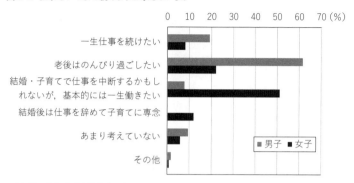

のんびり過ごしたい」であるのに対して，女子学生に多いのは「結婚・子育てで仕事を中断するかもしれないが，基本的には一生働きたい」である。女子に多い「仕事と家庭の両立」を志向する姿は，男子の場合では 1 割も見られない。

　男性にとっての仕事に就くことの当たり前さと，女性にとっての仕事と家庭の両立というコントラストは，高校生の時点ですでにはっきりとしている。どのような仕事をするのかは，あなた自身の希望だけでなく，家庭の事情や学力などにも左右される問題だが，女性の場合は，家庭との両立も視野に入れたうえで職業への展望を考えることが求められるのだ。

　男性を**公的領域**★の労働に，女性を家事や育児，介護などの**私的領域**★の労働に主たる責任を負わせることを前提とする分業体制のことを，性別役割分業という。前近代社会から近代社会への変化のなかで増加した専業主婦は，現代社会になると減少していく。日本では 1990 年に共働き世帯と専業主婦世帯の数が逆転し，結婚をし

た後も仕事をもつ女性は一般化し，性別役割分業型の家族は，その規範自体も相対化されていく。「夫は外で働き，妻は家庭を守るべきである」という考え方を否定する人の割合は長期的にみても増加傾向で，反対が賛成を上回るようになっている。しかしながら依然として，結婚後も働く女性の多くが，仕事と家事や育児の両立が求められる状況に大きな変化はない。

　6歳未満の子どもがいる家庭の家事育児関連時間を男女別に見ると，女性は男性の5倍の時間を費やしており，国際的に見ても日本は男女格差が大きい。また，男性の家庭内でのケア労働の時間は，妻が専業主婦である場合でも，そうでない場合でも変わりがない。共働き世帯の夫の家事・育児・介護時間は，妻の2割程度という低水準にとどまっている（『男女共同参画白書』令和2年版）。育児休業を取得する男性の割合も増加傾向にはあるもののいまだ1割ほどであり，期間も2週間未満が7割程度と，女性に比べて圧倒的に短い。

　日本に先んじて結婚後の女性の労働力率の増加を経験したアメリカで，共働き家庭を調査した社会学者のA. R. ホックシールドは，職場での第1の勤務「ファーストシフト」の後に女性を待ち受ける家庭での第2の勤務を「セカンドシフト」と表現している（ホックシールド 1990)。「男は仕事，女は家庭」という性役割規範が揺らぎを見せているとはいえ，日本の働く女性のセカンドシフトの重みは相当なものである。

男女間賃金格差

　賃金についてみると，男性の一般労働者の給与を100とした場合の女性の給与は73.3，正社員・正職員に限定しても75.6とずい

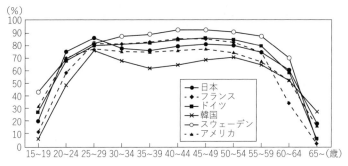

図5-3 女性の年齢階級別労働力率

(%)

15~19 20~24 25~29 30~34 35~39 40~44 45~49 50~54 55~59 60~64 65~(歳)

凡例：
- 日本
- フランス
- ドイツ
- 韓国
- スウェーデン
- アメリカ

（出所）『男女共同参画白書』令和3年版。

ぶんな違いがある。こうした賃金格差の背景にあるのが，M字カーブを描く女性の働き方である。男性と比べて女性の場合，20歳代から30歳代に労働力率が低下し，40歳代から再び上昇するというM字の形をとることで知られている。かつてに比べれば，徐々にM字の底は浅くなり，欧米先進諸国に見られるような台形に近づきつつはあるものの，日本の女性の働き方にはいまだ特徴的なパターンがあることがわかるだろう（図5-3）。

　格差社会化が注目されるなかで，非正規雇用者の増加についての指摘がなされるが，むしろ女性の働き方に関しては非正規雇用が標準ともいえる。女性労働者の非正規雇用率は6割近くと男性の2割程度に比べて格段に高く，さらに年齢層が上がるごとにその割合が高くなる。このことは，結婚や出産といったライフイベントを機に労働市場から退出し（退出させられ），子育てが落ち着いたころに再び戻ってくるという女性の働き方が，終身雇用や年功序列といった日本型雇用慣行のもとでは不利になることを示してもいる（→第2章）。

コラム 11　母子世帯と貧困　　子どもの貧困への注目とともに衝撃をもって受け止められているのが，日本の母子世帯貧困率の高さである。ひとり親世帯の9割近くが母子世帯だが，そのおよそ5割が貧困ラインを下回る生活をしている。しかも日本の場合，母子世帯の母親の多くが仕事をもち働いている。日本以外の国では，仕事をしていれば貧困に直面するリスクは大きく下がるのに，日本では，就業の有無による貧困率にほとんど差がないことが特徴である。働いているのに貧困状態に置かれる，これが日本の母子世帯の現実だ。

　子どもがいる夫婦が離婚した場合，母親が親権をとる場合がおよそ9割である。たとえばある有名人夫婦が協議離婚の末，父親が親権をとったケースなどでは，母親である女性芸能人を批判する声も聞かれた。こうした批判の背後には，母親のほうが子どもとの情緒的結びつきも強いはずであり，子どもは母親と暮らしたほうが幸せであるという思い込みが少なからず存在するだろう。

　母子世帯貧困率の高さには，性別役割分業体制のなかでの女性の不利や他者をケアすること，母性とはなにかといったフェミニズムが問題化してきたことが凝縮されている。

　女性解放に大きな役割を担った第二波フェミニズム運動のときに，「個人的なことは政治的なこと」というスローガンが掲げられた。DVや虐待など，それまで家庭内の問題や男女の個人的な関係性によって生じる問題として考えられていたことが，社会的な課題として告発されたのだ。もしもあなたが性にかかわることで（もちろんそれ以外でも），何かわだかまりを感じたり，生きづらさを覚えたことがあれば，それは「あなた個人の問題ではない」という視点で考えてみてほしい。社会学的想像力の萌芽は，そこかしこにあふれている。

女性管理職の少なさ

このような男女間賃金格差の背景には，管理職につく女性の少なさという問題も隠されている。民間企業における係長相当職の女性割合は2割近くで，職位が上がるほど女性割合は低下し，部長相当職では1割にも満たない。男女で従事する仕事が異なることを性別職域分離といい，上位職ほど男性の割合が高く，下位ほど女性が多くなることを垂直的分離という（看護師には女性が多いなど，特定の職種への性別の偏りは水平的分離という）。

こうした傾向は，何も企業に限ったことではない。あなたがこれまで通ってきた学校の校長先生や教頭先生のうち，女性はどれくらいいただろうか。学校段階別に女性校長の比率を見てみると，教員全体に占める割合では女性のほうが多い小学校でも2割程度，男女比がおよそ同程度の中学校や男性教員のほうが多い高校ではそれぞれ1割程度である。こうした日本の校長の女性比率の低さは，OECD加盟国の中でも際立っている。

教職は女性にとって，ライフイベントにかかわらず働き続けられる数少ない仕事の1つであり，女性労働者の数も多い。しかし，管理職比率に関していえば民間企業に比べても大きく違わない。こうした傾向には，**Q5.3**で確認したように女性教員の多くが家事育児の負担を多く担っている点も関連しているだろう。一般企業を対象とした調査では，女性の場合，長時間労働が管理職登用との大きな相関要因（山口 2017）になっていることが示されている。こうした傾向は，長時間労働を是とする教員世界（→第9章）において，女性管理職の輩出を抑制することにもつながっているだろう。

男女雇用機会均等法の制定により，女性の四年制大学進学率は上昇していった。したがって，労働市場における男女格差の状況と進

学機会の男女差にはつながりがある。学校における進路指導が，性別役割分業を前提としたものになっている場合もいだ少なくない。進路や教育を受ける機会に存在するジェンダー差について考えるときには，学校や家族だけでなく，労働市場との関係性にも目を向ける必要があるだろう。

/// **Exercise**　演習問題 ///

　あなたが進路を決定する際に影響を与えた人や出来事として，どのようなものがあっただろうか。あなたのまわりの人にも話を聞いてみることで，ジェンダーによる進路選択の違いについて考えてみよう。

//

/// **Book guide**　読書案内 ///

・上野千鶴子，2021，『女の子はどう生きるか —— 教えて，上野先生！』岩波ジュニア新書
　　日常に潜むさまざまなジェンダー問題にQ&A形式で著者が答えていく，10代の女の子向けに書かれた手に取りやすい1冊。
・多賀太，2016，『男子問題の時代？—— 錯綜するジェンダーと教育のポリティクス』学文社
　　女性と同じように男性もまたジェンダー化された存在である。日本における男子問題や男性学の知見を基礎から学べる。
・O. ドーナト，2022，『母親になって後悔してる』（鹿田昌美訳）新潮社
　　個人化されがちな後悔という感情を社会課題としてとらえ，タブーに向き合うことで，母性とは何か，母とはどのような存在かについて新たな視点が得られる。

Bibliography 参考文献

日本語文献

天野正子編，1986，『女子高等教育の座標』垣内出版。

伊佐夏実，2022，「難関大に進学する女子はなぜ少ないのか」『教育社会学研究』109：5-27。

金南咲季，2020，「年長児に対する親の教育期待の質的差異——社会階層・子どもの性別に着目して」愛知淑徳大学ジェンダー・女性学研究所編『ジェンダー・ダイバーシティと教育——横断研究の試み』ユニテ。

中西祐子，1998，『ジェンダー・トラック——青年期女性の進路形成と教育組織の社会学』東洋館出版社。

パーソンズ，T.・R. F. ベールズ，2001，『家族——核家族と子どもの社会化』（橋爪貞雄ほか訳）黎明書房。

バンデュラ，A.，1979，『社会的学習理論——人間理解と教育の基礎』（原野広太郎監訳）金子書房。

藤田由美子，2004，「幼児期における『ジェンダー形成』再考」『教育社会学研究』74：329-348。

ホックシールド，A. R.，1990，『セカンド・シフト——アメリカ 共働き革命のいま』（田中和子訳）朝日新聞社。

山口一男，2017，『働き方の男女不平等——理論と実証分析』日本経済新聞出版社。

外国語文献

Bussey, K. and A. Bandura, 1999, "Social Cognitive Theory of Gender Development and Differentiation," *Psychological Review*, 106（4）：676-713.

Kohlberg, L. 1966, "A Cognitive Developmental Analysis of Children's Sex Role Concepts and Atitudes," in E. C. Maccoby（ed.），*The Development of Sex Differences*, Stanford University Press.

学校のなかの家族

Quiz クイズ

Q6.1 日本の世帯を,「夫婦のみ」「夫婦と子」「ひとり親と子」「単独」と分類した場合, 2020 年に最もその割合が高かったのは, 次のうちどれか。
a. 夫婦のみ **b.** 夫婦と子 **c.** ひとり親と子 **d.** 単独

Q6.2 児童虐待の加害者として最も多いのは誰か。
a. 実父 **b.** 実母 **c.** 実父以外の父 **d.** 実母以外の母

Q6.3 日本の婚外子(法律上の婚姻関係にないカップルの間に生まれた子)の割合は 2% 程度である。フランスのそれはおよそ何パーセントだろうか(2016 年の数値)。
a. 10% **b.** 30% **c.** 60% **d.** 90%

Answer クイズの答え（解説は本文中）

Q6.1 d   Q6.2 b   Q6.3 c

Chapter structure 本章の構成

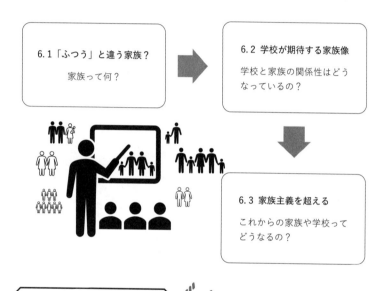

6.1 「ふつう」と違う家族？

家族って何？

6.2 学校が期待する家族像

学校と家族の関係性はどうなっているの？

6.3 家族主義を超える

これからの家族や学校ってどうなるの？

本章の概要

　多様化する家族の現状と家族の機能について確認し，学校のなかで伝えられ，扱われる家族像がいかに特定の家族に限定されたものなのか，そこにある課題とともに，学校と家族のこれからに向けた議論を紹介する。

1　家族のいま

▷　近代家族とは

「あなたの家族について教えてください」と尋ねられたとき，何を考えるだろうか。家族のメンバーがすんなりと思い浮かび，そこに思いをはせることに心地よさを感じる人もいれば，家族という言葉やその存在に頭を悩ませる人もいるかもしれない。また，家族という言葉からイメージするものについて，おそらく多くの人は，法的な婚姻関係や血縁関係にある集団を想定するのではないだろうか。

現代の日本社会において，家族の姿は多様化している。Q6.1で確認したように，現在，世帯類型として最も多いのは一人暮らしをしている単独世帯である。2020年の国勢調査の結果によれば，一般世帯に占める単独世帯の割合は4割近くと，1970年調査に比べておよそ倍増しており，今後も増加していくことが予想されている。アニメのサザエさんやちびまる子ちゃんには，祖父母と同居する3世代家族が登場するが，それにいたっては1割を下回る少数派である。そして，核家族のなかでも夫婦のみの世帯が増加し，子どもがいる世帯は減少傾向にある。また，国際結婚家庭や同性カップル，血縁関係にない子どもを育てる家族など，その姿はさまざまである。

いまだに私たちは，「ふつうの家族」というフィルターのもと，そこから外れる家族の存在を周辺化してしまう。しかし，私たちが家族の「標準的」「一般的」な姿として考えがちなものは，近代という歴史の一時点で誕生した家族の姿なのである。1980年代以降，フェミニズムや社会史研究の広がりにより，家族の前提を問い直す

研究が広まった。そこでは，人類に普遍的な血縁集団として考えられてきた家族は，近代の国民国家の形成とともにつくられたものであることが明らかにされた。家族社会学者の落合恵美子は，近代家族の特徴を，①家内領域と公共領域との分離，②家族構成員間の強い情緒的絆，③子ども中心主義，④男は公共領域，女は家内領域という性別分業，⑤家族の集団性の強化，⑥社交の衰退とプライバシーの成立，⑦非親族の排除，⑧核家族，とまとめている（落合 1989）。

　農業が主であった社会では，家庭と職場が重なり，家族のほとんどが生産労働に従事していた。女性も主要な働き手であり，子どもの世話は年長の子どもや高齢者が担っていた。子どもは親族だけでなく，村のなかの多様な人間関係のなかで社会化されていった。それが，資本主義経済が発達するなかで，生産の場でもあり再生産の場でもあった家族の機能は分離され，家庭の外で給料をもらって働く男性と，それを癒し，家事や育児に従事し，プライベートな空間としての家庭を守る女性という分業が成立したのだ。子どもが愛情の対象になり，家族のなかでも中心的な位置づけになったのも，この近代家族の誕生による（→第4章）。

　近代家族という考え方は，私たちが当たり前と考える家族の姿を相対化するだけでなく，そこにある矛盾や抑圧性を問うものでもある。そのように考えれば，多様な家族の姿を「家族の崩壊」や「家族の危機」という考え方とは異なるまなざしで見ることができるようになるだろう。

▷ 家族の個人化

　家族の姿が多様化していくなかで，ポスト近代家族の動向をとら

える概念の1つとして、「家族の個人化」をめぐる議論が活発になされるようになる。山田昌弘は、家族の個人化を「家族の枠内での個人化」と「家族の本質的個人化」の2つに区別することが重要だとする（山田 2004）。「家族の枠内での個人化」とは、家族の存在を前提にしながらも、国家や地域、親族など家族をとりまく社会からの期待に応えるか、応えないかを「選択」する自由を得ることである。地域とのつながりが希薄になることも個人化の一側面であり、私事化と表現されたりもする。またこれは、家族の他のメンバーからの期待に応えるのかどうかについても、個人の意思に委ねられる側面も含んでいる（休日は家族とともに過ごすという規範に反することの自由も保障される）。

　一方で「家族の本質的個人化」とは、結婚するのか、離婚をするのか、近代家族にかわる家族をつくるのかといった選択肢が用意され、その選択が個人の意志に委ねられることを意味している。事実婚や同性カップル、シェアハウスでの生活など、どのような家族をつくるのか、それ自体が選択肢となるような個人化の側面である。

　家族の個人化が進んでいることについては、個人の自由が拡大するものとして肯定的にとらえられる反面、選択の責任がすべて個人に帰されるため、リスク化や階層化を生じさせることも懸念されている。依然として、結婚することによる経済的・心理的メリットは大きく、家族は個人のリスクの緩衝材でもある。家族をもつことを選択しないことは、孤立や格差につながり、リスクに対応するためには家族をつくらざるをえないという現状もある。また、大人同士の関係に比べて、子どもが親との関係を解消することはそれほど容易ではない。

家族のリスク

　家族は個人を守るセーフティーネットであるが，一方で，そこで
期待される扶養やケア，社会的承認が必ずしも保障されるとは限ら
ない。家族がリスクになる1つの例として，1990年代以降社会的
関心を集めるようになった児童虐待について考えてみよう。児童相
談所の虐待相談対応件数は，2020年度にはおよそ21万件で，20
年前と比較して12倍程度に増加している。ただし，この数値はあ
くまでも児童相談所が虐待事案として取り扱った事例の件数であり，
発生件数ではないことにも注意が必要である（→第7章）。なぜ，虐
待相談対応件数は増加しているのだろうか。子どもを育てる能力の
ない，残忍な親が増えているから，なのだろうか。

　背景にあるのが，2000年に制定された児童虐待の防止等に関す
る法律である。これにより，虐待の定義が拡大され，2004年の改
正では「虐待を受けたと思われる児童」を発見した場合に，周囲の
者が児童相談所等に通告する義務が生じた。

　安全が当たり前になるほど危険が目立つという「安全と危険のパ
ラドクス」という観点から，内田良は，子どもを大切に育てること
が当たり前になった社会だからこそ，子どもへの攻撃や放置が問題
視されるようになったとする（内田 2009）。虐待の発生件数が実態
としては減少していたとしても，子育てにおけるさまざまな行為を
禁止の対象とするような敏感なまなざしにより，「虐待」が発見さ
れていく側面があるのだ。すなわち，児童虐待の社会問題化の背景
にあるのは，暴力的で養育力のない親が増えたからではなく，社会
全体の養育水準がきわめて向上し，子どもへの攻撃・放置が行われ
なくなり，心身の安全が確保されるようになったことによる，子育
てへの私たちのまなざしの変化である。

また，**Q6.2** で確認したように，児童虐待の加害者として最も多いのは，実の母親である。広井多鶴子によれば，1900 年代に入ったころからすでに，子どもに対する残忍な事件は「児童虐待」という言葉で語られていたが，その当時の加害者には親以外の者が多かった（広井 2018）。しかしそれは，里子や養子，奉公に出されるなど，子どもを家庭で守り育てるという**規範★**がなかったからだともいえる。すなわち，近代家族規範が定着していくなかで，児童虐待は家族問題としてみなされるようにもなった。

　虐待という言葉が社会的に広まり，報道が過熱化していくなかで，児童虐待そのものが増加しているというイメージが形成され，虐待をする親へのバッシングも加熱している。もちろん，子どもへの虐待をそのままにしておけばよいのかというと，もちろんそうではない。しかし，過去に比べて養育能力に問題のある親が増えているという事実は見当たらないし，すべてを親の養育能力の問題に帰する見方を強めることは，その背景にある親の孤立や経済的問題といった社会課題を矮小化することにもつながる。困難を抱える親への支援や子どもが安心・安全に暮らす環境を守るためにこそ，子育てにかかわる機能が喪失しているという認識のもとで親子関係に介入するというロジックとは異なる視点で対策を考えることが必要である。

2　学校が期待する家族像

▷　道徳教科書のなかの家族

　2018 年 4 月から小学校で教科化された「道徳」について扱った NHK『クローズアップ現代』（2018 年 4 月 23 日）の内容は，議論を呼

ぶものになった。実際の授業の様子が放送されるなかで取り上げられたのが，『お母さんのせいきゅう書』という教材である。たかしという少年が，母親に対して「お使い代」「お留守番代」などとして金額を書いた請求書を渡すと，母親からはお金とととともに，「病気をしたときの看病代」「おもちゃ代」などにすべて，「0円」と書かれた請求書が返ってくる。それを見たたかしが，涙するという内容である。

教材のテーマは，母親の無償の愛を通じて子どもたちに「家族愛」について考えさせるものであり，教室にいたほとんどの子どもは，母親が子どもにお金を要求しないのは当然であるという反応を示した。しかしながら，1人だけ異なる発言をした子どもがいた。無償で家事労働をする母親の姿を普段から見るなかで，それを思う気持ちから「子どもっていいな，えらいことをするとお金がもらえるから，私も子どもがいいな」といったのだ。教室には笑いが起こり，発言した子どもが涙を流す場面も放送された。

このように，主として母親から提供されるケア労働の無償性を称揚し，それを押しつけるような教材と指導法は，舞台となった小学校に特別に見られるものではないだろう。

小学校では2018年から，中学校では2019年から，道徳の教科化とともに検定教科書が導入されるようになった。全国でも採択率の高い東京書籍の教科書（『新しいどうとく4新訂』）を見ると，「お母さんのせいきゅう書」に限らず他の章においても，家庭のなかでケア労働に勤しむ母親の姿，性別役割分業を当然視する記述が数多く登場する。また，登場する家族の姿も，3世代同居やふたり親家庭などが多く，ひとり親や国際結婚家庭，ステップファミリー（子連れでの再婚や事実婚家庭）や同性カップルなどはみられない。このような道徳教科書のなかに登場する父母の姿や家族像が，道徳的に

望ましい家族や男女の役割として子どもたちに受け止められること
は，隠れたカリキュラムの観点からも不思議なことではないだろう。

▷ マイノリティへの教師のまなざし

　現実の学校には，教科書のなかで「望ましい」とされるような家
族の姿を体現する子どもや親だけが存在するわけではない。そうし
たなかで，特定の家族の子育てを望ましいものとして評価し，そう
でない家庭の子育てを批判的にまなざすような，教師文化の差別性
が指摘されている。たとえば，「子どもに勉強をさせない」「夜遅く
まで子どもを連れ歩く」といった親の行為を教師が批判的に語る声
はめずらしくないが，そうした批判の矛先は，マイノリティの人々
の子育てに対して向けられることが少なくない。

　西田芳正は，被差別部落や在日韓国朝鮮人といった被差別マイノ
リティに対して向けられる教師の差別的な発言や処遇を取り上げな
がら，こうした差別的意識が教師に共有された意識や行動といった
教師文化そのものに埋め込まれているとする。「子どもに期待し，
勉強させる親，希望を抱いて勉強する子どもという像からはずれる
親・子を教師は否定的にとらえており，そうした判断に階層や地域
といった要因が入り込んでいる」（西田 2012）という。

　久冨も，教師が生活困難層に対する家族像として語る事柄が，ま
るでハンコを押したように共通し，そこには「よき家族」との対極
にある見下し型のステレオタイプが存在することを指摘している
（久冨編 1993）。親たちの生活の実態やその厳しさ，子どもの教育に
ついての願いが正確にとらえられておらず，困難家庭に対するステ
レオタイプがヴェールとして立ちふさがり，教師の指導の不十分さ
を家庭の責任に帰する働きをしている。

子どもの貧困問題が可視化されはじめた 2000 年代に，久冨編（1993）と同様の地域で実施された調査がある。そこでは，見下し型のステレオタイプとまではいえないものの，生活困難層の親に対して教師たちが，家庭教育の「不足」を指摘し，「われわれ」とは異なる存在として「他者化」する様子が紹介されている（山﨑 2014）。

　その多くが中間層の出身である教師にとって，自らの家族体験からは「やや離れたように」見える家族の姿は，とりわけ否定的なもの，あるいは自分たちとは異なるものとしてまなざされる。そしてそこには，子どもの育ちの多くを家庭での教育のあり方に理由づけてしまうような，家族責任論に容易に転落してしまう可能性が包含されている。

▷ 保護者の学校参加

　「開かれた学校」づくりが推進されるなかで，保護者が学校教育に参画する機会も増加している。その形として最も知られているのは，PTA 活動だろう。PTA は，Parent（親）–Teacher（教師）–Association（組織）の頭文字をとったもので，アメリカで誕生した親による自発的な組織である。日本への導入は，戦後民主的な学校づくりを進めるなかで GHQ によって設置が推奨され，全国へと広まっていくことになる。

　現代の日本における PTA 活動はほとんどの場合，子どもが在籍している学校で半ば強制的に参加させられるものである。自発的に参加し，学校と保護者が対等な関係で子どもの育ちを支えるという本来の形にはなっておらず，むしろその負担感が語られることも多い。PTA による活動は，どちらかといえば学校教育活動の周辺的

な部分への支援であるが，2000年以降，学校評議員や学校運営協議会など，学校経営にかかわる部分への参加を求める制度も誕生している。

　教育社会学において，学校と保護者のつながりは社会関係資本（→第3章）の観点から分析され，そこにある階層性が指摘される。社会関係資本（social capital）とは，人々の協調を促す信頼，規範，ネットワーク（稲葉ほか 2014）を指すが，その定義はさまざまである。おおむね共通しているのは，人と人とのつながりが何かしらの利益をもたらすというコンセプトである。

　父母が学校に関与することによって子どもの学校適応も促される傾向にあるが，そもそもPTAや学校行事への参加は，父母の学歴や世帯年収が高い家庭において，より積極的に行われる傾向がある。つまり，社会経済的に恵まれている家庭のほうが，学校活動に積極的に参加し，それによって子どもの学校への肯定的態度が育まれるということであり，ここでもまた，不平等の再生産という問題があらわれる（松岡 2015）。

　第4章で紹介したA.ラローの研究でも，保護者の学校関与に階級差があることが示されている。中産階級の親は，自分の子どもの利益になるように学校や教師に対してクレームをつけることも含めて積極的に働きかけるが，労働者階級や貧困家庭の大人は，学校に対して距離を感じ恐れや不信を抱いている。結果として，労働者階級の子どもたちは，中産階級の子どもほどには学校教育による利益を享受できないという事態が生じるのである。こうした違いはアメリカに限った話ではなく，日本でもある程度は確認できる。

　このように，保護者の学校参加に見られるような社会関係資本には，たしかに階層差がある。しかしながら，経済資本や文化資本に

比べれば可変的であるからこそ，子どもの教育達成における格差縮小への可能性をもつものとして期待されてもいる（志水 2014）。

3 家族主義を超える

▷ 家族に代わるもの？

　家族の個人化や多様化，リスク化を踏まえると，近代家族は限界を迎えているといえる。そうしたなかで私たちに必要なことは，性別役割分業を支持し，子ども中心で家族の絆を重視する「伝統的な」家族に回帰することだろうか。近代家族論の展開は，私たちが自明のものと考える家族が歴史的構築物であり，家族間の愛情も自然なものではないこと，そして個人の自己実現や自由を阻むものであることを明らかにしたのだった。では，それを超える新しい家族のかたちとはどのようなものだろうか。

　その1つとして，「親密圏」というコンセプトがある。政治学者の齋藤純一は，「具体的な他者の生／生命に対する関心／配慮を媒体とする，ある程度持続的な関係性を指す」ものとして，親密圏を定義している（齋藤編 2003：213）。男女が結婚し，血縁関係にある子どもを育てるという以外にも，さまざまな形での「他者の生／生命に対する関心／配慮」を媒体とした持続的な関係性が存在する。事実婚や同性カップル，養子を育てる人たちなどもそうだ。

　また，親密圏には「形成／解消の自由」を保障するという特徴があり，これも家族との大きな違いである。たとえば，DV を受けながらも生活のために離婚できない女性など，「家族をやめる」ことは容易なことではない。それは，男性稼ぎ手モデルを前提とした近

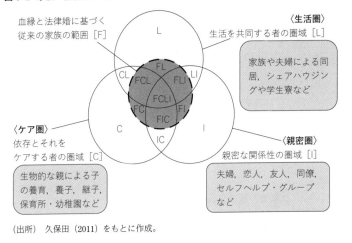

図 6-1　家族の諸機能の分節化

血縁と法律婚に基づく
従来の家族の範囲 [F]

〈生活圏〉
生活を共同する者の圏域 [L]

家族や夫婦による同居，シェアハウジングや学生寮など

〈ケア圏〉
依存とそれを
ケアする者の圏域 [C]

生物的な親による子
の養育，養子，継子，
保育所・幼稚園など

〈親密圏〉
親密な関係性の圏域 [I]

夫婦，恋人，友人，同僚，
セルフヘルプ・グループ
など

（出所）　久保田（2011）をもとに作成。

代家族のもとで社会保障制度が設計されていることとも関係している。ただし，大人からのケアがなければ生きていけない子どもは，親子関係に問題を抱えていたとしても，自ら親元を離れて生きていける保証はほとんどなく，関係を自由に解消するのは難しい。そこに，親密圏の限界が存在する。

　久保田裕之は，親密圏という概念が，自律的で対等な成人間の生活の共同や互助的な支え合いと，依存関係にあるものの生存の条件である身体的・精神的ケアを区別していないことを批判したうえで，家族機能を分節化してとらえることを提唱している（久保田 2011）。そして，これまで「家族のもの」とされてきた諸機能として，依存者とそれをケアするものの関係をケア圏（C），成人間の生活の共同関係を生活圏（L），成人間の性愛を含む親密な関係性を親密圏（I）とし，図 6-1 のように整理している。

図のなかで破線で囲んである丸い範囲が，一般的に家族として想定されるものであり，その外側に位置するのは，たとえば LI であれば同棲するセクシュアルマイノリティのカップルなどがあてはまる。そして，すべての機能が重なりあう中心（FCLI）が，家族の機能として規範化され期待されているものである。

　このようにして，家族が担う（担うことが期待されている）機能を分けて考えてみることは，あらためて家族とは何か，家族を超えるコンセプトはどのようなものかを構想する手がかりとなるだろう。

▷ 教育と福祉の家族主義

　生活圏やケア圏，親密圏を担う家族以外の場の1つとしてあげられるのが，児童養護施設である。児童養護施設は，保護者のいない子どもや保護者が適切に養育できない子どもを公的に支援する社会的養護の1つで，児童虐待が社会問題化されるなかでそのあり方が注目されている。

　藤間公太によれば，日本は諸外国に比べて施設で暮らす子どもの数が少ないだけでなく，里親のなり手はいても子どもが委託されていない状況がある。これは，諸外国であれば「公的保護に値する」と判断されるような状況にあっても，子どもと親の分離が行われていないことを意味しており，その背景には「親子は一緒にいることが望ましい」という規範の存在があるという。さらに施設養護のあり方についても，1990年代以降，家庭をモデルに福祉政策を改革することが提唱されてきたことで，養護施設はあくまでも家庭の「代替物」であって，家庭こそが子どもを育てる場であるという**家族主義★**が強化されているとする（藤間 2020）。

　子育ての責任は第一義的には家族にあり，親の手で子どもを育て

ることが最善であるとする規範のもとで，親から離れて暮らす子どもたちは学校のなかでどのような経験をするのだろうか。児童養護施設で暮らす子どもたちは，授業参観に親ではなく施設の職員が来ることや，親の存在を意識せざるをえない家庭科の授業など，親と一緒に暮らしていることを前提とした学校の教育活動や指導を通した疎外経験をもつ。また，低学力状況に置かれやすく，学費の問題から進学を断念せざるをえない状況にも置かれやすいが，教師は施設職員の指導不足を指摘したり，「親代わり」である施設側に責任をゆだねる姿勢があるという（西田編 2011）。

家族依存型社会のなかでは，児童養護施設に入所した経験は「普通の家族」をもたない「普通ではない子」という**スティグマ★**として一生涯つきまとうもの（田中 2009）となり，学校や社会からの排除につながっている。

▷ 家族と学校のこれから

第4章で触れたように，教育社会学において家族を扱う際には親に注目することが多く，子どもの存在は置き去りにされがちである。「子どものため」という言葉に潜むパターナリズム（父権主義：優位な立場にある者が本人の利益になるという理由で，本人の意志にかかわりなく介入や干渉を行うこと）を反省し，子どもの最善の利益という観点から家族と教育の関係を考えるために必要な視点はどのようなものだろうか。

近年，教育と福祉の連携というテーマが取り上げられるようになった（高田 2019）。学校の中にも，子どもの育ちを支える教員以外の専門職として，スクールカウンセラーに加えてスクールソーシャルワーカーの活用が進んでいる。カウンセラーが心理の専門家

ならば，ソーシャルワーカーは社会福祉の専門家である。

　スクールソーシャルワーカー（SSWer）は，人権と社会正義を価値基盤に置き，人と環境の相互作用から状況をとらえ支援を行うソーシャルワークを学校ベースで展開するものであり，その目的は，一人一人の子どもの**ウェルビーイング★**の実現と増進，生活の質の向上である（山野ほか編 2016）。SSWer が取り組む課題は，児童虐待やいじめ，不登校，発達障害や経済的問題など多岐にわたるが，支援の根底にあるのは，問題は個人の病理からくるものではなく，人と環境との相互作用において生じるという考え方である。そのように考えれば，「困った」子どもや保護者は「困っている」子どもであり保護者なのである。

　教育と福祉は，ともに子どもの育ちを支援する領域でありながらも，異なる性質をもっている。教育に関して長谷川裕は，ペタゴジーの根本原理として「自立／自律的主体志向」の存在をあげている。それは，「ある人を取り巻く状況や，さらにその背後にある構造の規定力は，その人が『自立／自律的主体』たろうとする規範に沿うことで乗り越えられるはずだ・乗り越えるべきだ」という志向性を指す。教育という営みのなかで，努力の価値を過大に見積もり，自律的な主体であることを求める傾向があり，それが，生活困難層に対して向けられる教師の否定的な評価の根っこにあるとする（長谷川 2019）。

　教育福祉学を提唱する吉田敦彦は，教育と福祉の志向性の違いを次のように表現している。教育の志向は，「社会を変えるためには人が変わらなければならない。だから人に働きかける」というもの，福祉の志向は，「人が変わるためには社会が変わらないとならない。だから社会に働きかける」というものだと。こうした違いは両者の

連携を難しくする要因でもあるが，違いがあるからこそ，連携する意義もあるのだ（吉田 2020：31）。

　環境との相互作用を重視する社会福祉の視点が学校のなかに入ることにより，子どもや家族に向けられるまなざしや関係性はどのように変わるのだろうか。子どもの育ちにとって環境が大切であることに異論をもつ人はいないだろう。しかし，家族や家庭はその一部であり，すべてではないことも忘れてはならない。

/// **Exercise** 演習問題 //

　さまざまなタイプの人々のつながりをあげ（たとえば，離婚により長い間会っていない父と子，同性のパートナーと暮らすカップル，恋愛関係にはないがともに暮らす男女など），それぞれを家族と思うか／思わないか，なぜそのように考えるのかをまわりの人に尋ねてみよう。そこから，家族とは何かについて考えてみよう。

///

/// **Book guide** 読書案内 ///

・村上靖彦，2021，『子どもたちがつくる町 —— 大阪・西成の子育て支援』世界思想社

　　子どもの声を探し出し，聴き取ろうとするなかで生まれるさまざまな居場所の物語から，子ども支援のヒントが見えてくる。

・筒井淳也，2016，『結婚と家族のこれから —— 共働き社会の限界』光文社新書

　　結婚や家族についての社会学や歴史学による学術的な見方がまとめてあり，家族のいまと未来を考える手がかりになる。

・M. A. ファインマン，2009，『ケアの絆 —— 自律神話を超えて』（穐田信子・速水葉子訳）岩波書店

　　人は誰しも誰かに依存し，ケアされなければ生きていけない存在である。

「性の絆」ではなく「ケアの絆」に基づく社会の再編について考えてみよう。

/// *Bibliography* 参考文献 ///

稲葉陽二・金光淳・近藤克則・山内直人・辻中豊・大守隆，2014，『ソーシャル・キャピタル——「きずな」の科学とは何か』ミネルヴァ書房。

内田良，2009，『「児童虐待」へのまなざし——社会現象はどう語られるのか』世界思想社。

落合恵美子，1989，『近代家族とフェミニズム』勁草書房。

久保田裕之，2011，「家族社会学における家族機能論の再定位——〈親密圏〉・〈ケア圏〉・〈生活圏〉の構想」『大阪大学大学院人間科学研究科紀要』37：77-96。

齋藤純一編，2003，『親密圏のポリティクス』ナカニシヤ出版。

志水宏吉，2014，『「つながり格差」が学力格差を生む』亜紀書房。

高田一宏，2019，『ウェルビーイングを実現する学力保障——教育と福祉の橋渡しを考える』大阪大学出版会。

田中理絵，2009，『家族崩壊と子どものスティグマ——家族崩壊後の子どもの社会化研究［新装版］』九州大学出版会。

西田芳正，2012，『排除する社会・排除に抗する学校』大阪大学出版会。

西田芳正編，妻木進吾・長瀬正子・内田龍史，2011，『児童養護施設と社会的排除——家族依存社会の臨界』解放出版社。

長谷川裕，2019，「貧困に対するペダゴジックなまなざし——主として学校教員のそれについての検討を通じて」唯物論研究協会『唯物論研究年誌』24（貧困の〈隠され方〉——不可視化の力学を読む）。

久冨善之編，1993，『豊かさの底辺に生きる——学校システムと弱者の再生産』青木書店。

広井多鶴子，2018，「近代家族規範の形成と児童虐待問題の登場——1933年に児童虐待防止法が制定されるまで」小山静子・小玉亮子編『子どもと教育——近代家族というアリーナ』日本経済評論社。

藤間公太，2020，「教育政策，福祉政策における家族主義」『教育社会学研究』106：35-54。

松岡亮二，2015，「父母の学校活動関与と小学校児童の学校適応——縦断データによる社会関係資本研究」『教育社会学研究』96：241-262。

山﨑鎮親，2014，「教師からみる子どもたちの学校体験——『他者化』の視線を中心に」長谷川裕編『格差社会における家族の生活・子育て・教育と新たな困難——低所得者集住地域の実態調査から』旬報社。

山田昌弘，2004，「家族の個人化」『社会学評論』54（4）：341-354。

山野則子・野田正人・半羽利美佳編，2016，『よくわかるスクールソーシャルワーク［第2版］』ミネルヴァ書房。

吉田敦彦，2020，「〈教育×福祉〉四象限マップの双眼的視座——教育と福祉の視差を活かした連携のために」『基礎教育保障学研究』4：20-34。

第 **Ⅲ** 部 *Part*

学校を生き抜く

Chapter

Introduction

　第Ⅲ部では，学校教育にともなう負の部分，いわゆる「教育問題」について，社会学の観点から考察を深めていきたい。

　私たちの多くは，いじめも不登校も，「ない」ほうがよいと思っている。いじめ被害者の声を聴いたり，不登校経験者の学校のしんどさを知ったりすれば，そんなことはできるだけ起きないほうがよいと感じる。そうした私たちのやさしさが，別の問いへの道を閉ざしてしまう。

　たとえば，いじめも不登校も，統計上の件数がゼロ件だとしたら，あなたはそれをどう受け止めるだろうか。素朴に「ゼロ件でよかった」と安心するならば，まさにあなたには，教育社会学を学ぶ意義があるといえよう。私たちは大人の間でさえ，いじめがあり，長期の欠勤がある。教員の人間関係にも，さまざまなトラブルや課題がある。子どもだけがそれらの問題から無縁であると，いったいだれが想定できようか。むしろ，ゼロ件ならば，何か特殊な事情があるかもしれないと疑ってみることも必要だ。

　ゼロ件を目指すよりも，子どもの世界では（さらには大人の世界であっても）一定数はそういうことが起きるのだという前提で，起きたあとの対処を考えるほうが健全かもしれない。また，起きてはならないという私たちの思考こそが，学校教育の常識に染まっているとも考えられよう。不登校であれば，現在の画一的で集団重視の指導体制を踏まえると，むしろ不登校は，人間として正常な反応であると解釈することさえできる。

　考えてもみれば，タバコを吸う男性の姿は，かつては「カッコ

いい」と思われてきた。10代後半にもなれば男性は徐々に喫煙行動を習慣化していった。今日でもその感覚は消え去ってはいないが，それでもいまや喫煙は，自分さらには周囲の人の健康を害する悪質な行動としてみなされるまで，その評価は下落した。

　このような変容は，生徒だけではなく教師の側にも当てはまる。これまで長らく，教師の間では「お金や時間に関係なく子どもに尽くす」ことが美徳とされてきた。土日の部活動指導がそうであるように，自身のプライベートの時間を学校の生徒のために使うことが「生徒思いの先生」という肯定的評価につながっていった。そうした献身性も今日では，異常な働き方を生み出す要因として問題視されるようになっている。

　善悪の価値観は，容易には定まらない。第Ⅲ部では，私たちが直感的にもっている善悪の判断をいったん留保したうえで，さまざまな教育課題に向き合っていきたい。**第7章**では，教育問題を冷静に読み解くために，統計データの取り扱いを含めて調査手法の適切な活用について考える。**第8章**では，教育問題を記述し説明するためのいくつかの理論を紹介する。合わせて，教育問題のあり方とメディアの変遷との関係性を読み解く。**第9章**では，特に教師の立場に焦点を絞り，長時間労働ならびにその社会問題化の背景に迫る。

　教育問題をめぐって私たちの直感的な思いを留保することは，一見すると冷酷なようにも感じられる。だが冷静に努めることこそが，多くの子どもと教師を救うことにつながる。教育社会学者は，そう考えている。

見えない教育問題

Quiz クイズ

Q7.1 あなたがもし小学生で，いじめ被害を回避したいとするならば，どの都道府県の小学校に通いたいだろうか。図 7–1 を見て，考えてみよう。
a. 宮崎県　b. 東京都　c. 佐賀県　d. どこも選べない

Q7.2 Q7.1 では，いじめの件数には都道府県間の格差が確認できる。不登校についても同じように小学校における都道府県別の件数を図示することができる。いじめの件数の都道府県格差と不登校の件数の都道府県格差は，どちらが大きいだろうか。
a. いじめ　b. 不登校　c. ほぼ同じ

Q7.3 幼稚園の園庭で子どもが遊ぶ声がうるさいと，近所の住民からクレームが入った。もしあなたが園長ならば，対策として下記のどの方法を選ぶだろうか。
a. 子どもを室内に移動させる
b. 子どもと住民のふれあいの機会をつくる
c. 園庭に騒音計測器を設置する
d. 騒音で住民が困っていることを，やさしい言葉で子どもに説明する

Chapter structure　本章の構成

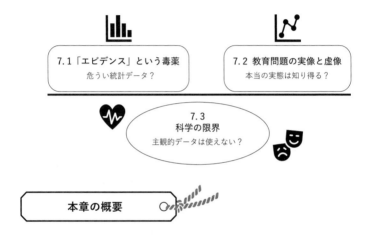

7.1「エビデンス」という毒薬
危うい統計データ？

7.2 教育問題の実像と虚像
本当の実態は知り得る？

7.3
科学の限界
主観的データは使えない？

本章の概要

　さまざまな教育施策を検討するさいに，「エビデンス」の重要性が指摘される。だが，特に教育問題関連の統計データは，慎重に読み解く必要がある。いじめに代表されるように，教育問題には「見えない」部分が多くあるからだ。データの誤読は，ともすると事態を悪化させかねない。いったい何が実像で，何が虚像なのか，見極める力を習得しよう。そして，教育の現実を明らかにするには，量的なデータだけではなく，質的なデータも不可欠である。量的研究と質的研究の両者の魅力に迫りたい。

1 　「エビデンス」という毒薬

▭▷ **過去最多は過去最悪か？**

　いじめの件数が過去に比べて大幅に増加している。文部科学省は毎年，「児童生徒の問題行動・不登校等生徒指導上の諸課題に関する調査」（以下，問題行動調査）を，教育委員会等を通じて全国の学校に実施している。2020 年度に全国の国公私立の小中高校などにおけるいじめの件数は，約 51 万 7000 件であった。2010 年度が約 7 万 8000 件であるから，10 年間に 44 万件近くの増加である。

　さて，あなたはこの数字の増加をどのように受け止めるだろうか。「危機的だ」と受け止めたあなたは，Q7.1 の答えに，c. 佐賀県を選んだであろう。これはよく見られる回答だ。一方で少数派ながらも，件数の増加を「よい傾向だ」と受け止めた方もいるはずだ。あなたは，a. 宮崎県を選んだにちがいない。

　文部科学省としては，いじめ件数の増加は基本的によい傾向だととらえている。なぜなら，いじめとはそれを数え上げる側（教師，学校，行政）の方針次第で，件数が容易に増減するからだ。教師が見て見ぬ振りをすれば，いじめはすぐにゼロ件になる。子どもへのアンケートをたびたび実施し，子どもとの個別面談の機会を多く設ければ，件数は増えていく。文部科学省は，2006 年度からいじめの件数を「発生件数」ではなく「認知件数」と言い表している。つまり実際に「起きた件数」ではなく，「見つけた件数」ということだ。私たちは通常，教育問題や社会問題の件数は，多くなるほど状況が悪化していると考える。「過去最多」＝「過去最悪」という理

図 7-1 都道府県別に見た小学校のいじめ件数（2019 年度，1000 人あたりの件数）

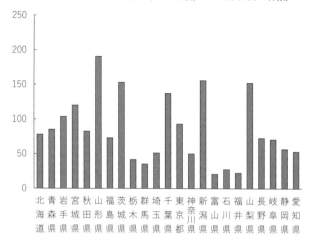

解である。だが，いじめの件数はそう簡単には理解できない。

　いじめ対策では，学校や教育委員会はしばしば「いじめゼロ」の
スローガンを掲げる。はたして，「いじめゼロ」が声高に叫ばれる
現場で，教職員はいじめが起きたことを報告できるだろうか。いじ
めが起きないに越したことはない。だが「いじめゼロ」が目標に定
められ，それが強調されるほど，事例を見つけても報告しづらくな
り，その事例は水面下に潜っていく危険性がある。それゆえ今日で
は，いじめは起きたときにそれを隠すことなく複数の大人でしっか
りと把握し，それ以上深刻にならないよう対処していく，「いじめ
見逃しゼロ」のアプローチがとられるようになってきている。

▷　**いじめの実態は把握できるのか**

　教育問題の数値について丁寧な読み解き方を習得すると，あらた

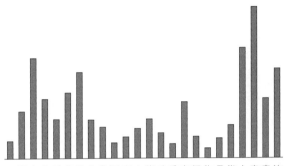

三重県 滋賀県 京都府 大阪府 兵庫県 奈良県 和歌山県 鳥取県 島根県 岡山県 広島県 山口県 徳島県 香川県 愛媛県 高知県 福岡県 佐賀県 長崎県 熊本県 大分県 宮崎県 鹿児島県 沖縄県

めて，いじめの本当の実態はどうなっているのか気がかりになって
くることだろう。

　いじめの本当の実態は，本章においてここまでのところ，まだ不
問に付したままである。増えたのはあくまで認知件数だと主張した
ところで，それを発生件数の増加が後押ししている可能性は，否定
できない。それではもしあなたが調査の権限を有し，本当の実態の
一端を把握したいと考えるならば，どのようなアプローチをとるだ
ろうか。

　2021 年に国立教育政策研究所が，報告書「いじめ追跡調査 2016
-2018」を発表した。通常，「いじめの件数」として報道されるの
は，文部科学省による問題行動調査の件数である。これは学校から
の回答，すなわちいじめを認知する教師側からの回答により成り
立っている。それに対して「いじめ追跡調査 2016-2018」は，子

ども自身に直接回答してもらう方法である。

　報告書には 2010〜2018 年度までの変化が記されている。同一地域の小学校と中学校で同じ内容の調査をくり返す方法により、期間中の変化が検証されている。その結果、小学校では「暴力を伴わないいじめ」（仲間はずれ・無視・陰口）ならびに「暴力を伴ういじめ」（ひどくぶつかる・叩く・蹴る）のいずれにおいても、総じて被害経験率と加害経験率は微減傾向にある。中学校では「暴力を伴わないいじめ」と「暴力を伴ういじめ」のいずれにおいても、被害・加害の経験率は 2010 年から大きな変化は見られない（図 7-2）。

　調査では、「いじめ」ではなく、「ひどくぶつかる・叩く・蹴る」や「仲間はずれ・無視・陰口」といった具体的な文言が使用されている点を見逃してはならない。「いじめを受けた」と「叩かれた」との間には、調査技法上の重大なちがいがある。

　「いじめ」は、そもそも定義が広く曖昧である。文部科学省は、いじめ防止対策推進法（2013 年 6 月公布、9 月施行）の第 2 条に即して、「いじめ」とは、「児童等に対して、当該児童等が在籍する学校に在籍している等当該児童等と一定の人的関係にある他の児童等が行う心理的又は物理的な影響を与える行為（インターネットを通じて行われるものを含む。）であって、当該行為の対象となった児童等が心身の苦痛を感じているものをいう」と定めている。心理的なものから物理的（身体的）なものまで、本人の苦痛の感覚を基準に、「いじめ」が判断される。

　このように幅広く、かつ明確な輪郭がない定義は、実際に何が起きたかをとらえるには不向きである。一方で国立教育政策研究所の調査が問うたのは、「叩かれた」経験である。「叩かれた」ことは、客観的に観察可能な行動として、本当の実態の一端をある程度正確

図7-2　「仲間はずれ・無視・陰口」と「ひどくぶつかる・叩く・蹴る」被害経験率の推移

「仲間はずれ・無視・陰口」

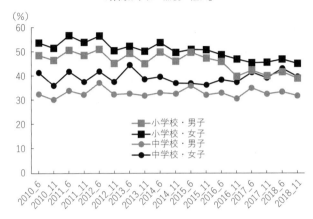

「ひどくぶつかる・叩く・蹴る」

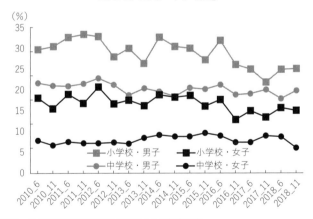

（出所）　国立教育政策研究所の報告書をもとに筆者作成。

にカウントすることができる。そして報告書では，上記の被害経験率と文部科学省の数値を比較検討した結果，「『認知件数』は現状の数倍にまで増えてもおかしくはない」と推定されている。認知件数は増加傾向がつづいているが，まだ学校側の視界には入っていない事案がたくさんある。客観的実態としていじめは増加していないものの，子どもの被害経験は必ずしも学校側にすべてが認知されているわけではない。これが報告書から得られる結論である。

▷ 「教育の科学」からのアプローチ

社会学の黎明期における主要人物の1人として，フランスのÉ. デュルケームがあげられる。デュルケームは古典的名著『自殺論』（1897年）において，当時の統計資料を分析して，たとえば，女性よりも男性のほうが，またカトリック教徒よりもプロテスタント教徒のほうが，自殺率が高いことを示した。個人的な事情に目が向きがちな自殺を，統計を駆使して社会的現象としてとらえたところに，社会学者としての功績があった。

デュルケームは，教育社会学の祖としても知られる。デュルケームは，「教育学」を，未来のあるべき姿を考察するものと位置づけたうえで，教育の過去と現在を記述・説明する「教育の科学」の重要性を説いた（デュルケーム 1982）。教育学は，過去や現在の実態よりも，未来志向的に教育のあり方を考える学問である。それゆえ，教育学あるいは教育界においては，**エビデンス**★（科学的な根拠）の活用が疎かにされる傾向にあった。だからこそ今日，教育学にはエビデンスの積極的な活用が求められる。

しかしながら，エビデンスに基づく研究への期待が高まりつつあるからこそ危惧されるのは，エビデンスの無批判な受容である。教

育の世界では，数量的なデータの扱いが根づいてこなかったがゆえに，ひとたびエビデンスが意義あるものと価値づけされたときに，エビデンスの中身が批判されることなく活用されかねない。先の，いじめの件数の読解がそれにあたる。数字が大きいほうが「危機的だ」と誤読されてしまう。このような誤読に陥らぬよう，「教育の科学」を志向する学問領域として，教育社会学では数値をていねいに読解することが求められる。

　基礎教育の浸透を示す伝統的な指標に「リテラシー（literacy）」（読み書き能力，識字率）がある。近年ではこれに似た「ニューメラシー（numeracy）」という造語がしばしば見聞きされる。アメリカの社会学者 J. Best は *Numeracy* 創刊号の論考において，数学の力が実社会に応用されていないことを問題視し，ニュースで報じられる社会問題関連の統計を批判的に検討すべきと説く（Best 2008）。医療の分野におけるエビデンスの重要性を唱えた G. H. Guyatt らの「エビデンスに基づく医療」と題する論説（Guyatt 1991）が，臨床医に求められる3つの能力の1つとして，情報に対する批判力をあげたことは，特筆すべきである。エビデンスを活用することが重要なのはもちろんのこと，それを批判的に読み解く力がなければ，エビデンスは良薬どころか毒薬になってしまう。統計の数値は，ただそれだけで説得力をもってしまってはならない。

2　教育問題の実像と虚像

▷　不登校の実態は把握できるのか

　いじめと並んで学校教育の重要な課題とされているのが，「不登

コラム12 「おなかが痛くて…」は不登校？　　公式統計として不登校はいじめよりも人数あたりの件数の都道府県格差が小さいことはたしかである。だがさらに厳密に考えると，次の点に留意しなければならない。

　第1に「出席」とは何を指すのか。学校内に一時でも滞在すれば「出席」と判断される。敷地内に入れば登校とみなすという方法で，正式に出席扱いされる。またフリースクールへの登校は，指導要録上は出席扱いとされうるが，問題行動調査上では欠席扱いとされる。なにをもって出席とするのか，その境界は曖昧である。

　第2に「不登校」と「病気」との境界はどこか。長期欠席は理由別に病気／経済的理由／不登校／その他に分類される。欠席理由が不登校または病気のいずれにカテゴライズされるかは状況依存的である。実際に，「病気」を理由とした長期欠席に大きな都道府県格差があることから，生物学的な病気の格差としては説明できないことが指摘されている（山本 2008）。「おなかが痛い」という欠席理由を「不登校」に振り分けるのか，「病気」に振り分けるのか，その判断は現場や自治体の方針に依存している。このような事情から，「長期欠席全体の方が不登校の実態に近い」（保坂 2000）として，研究者の間では長期欠席全体の数値が優先的に用いられることも多い。

校」である。その実態はどうなっているだろうか。

　問題行動調査によると，「不登校」とは，年度間に30日以上欠席した「長期欠席者」のうち，その理由が「何らかの心理的，情緒的，身体的，あるいは社会的要因・背景により，児童生徒が登校しないまたはしたくともできない状況にあること（ただし，病気や経済的理由によるものを除く）」に該当する場合を指す。

　欠席の判断は比較的容易である。子どもが学校に来ていないのに

それを「いる」とはいえないし，来ているときに「いない」ともいえない。欠席の累計日数も30日以上と明確に定められている。そのため，いじめとは異なり，不登校の件数は当事者の主観に左右されにくく，また行政や学校側の認知の敏感さにも影響されにくい。

Q7.2では，いじめと不登校それぞれの都道府県格差の大きさを問うた。不登校は，学校に登校（出席）したかどうかが客観的に確認できる。当の事象の有無をたしかにカウントできる。自治体の境界線を超えるとなると急に学校を休みたくなるほどに気持ちが暗くなるとも考えにくいことから，不登校をめぐる都道府県格差は，いじめのそれよりは小さいと推測される。そして実際に数値を図示すると（図7-3），そのとおりの結果が見えてくる。都道府県格差が大きいのは「a. いじめ」である。

▷ 心理主義化と厳罰化

かつて1990年代後半から2000年代前半にかけて，「少年の凶悪化」が広く世の関心をよんだ。1997年に神戸市で発生した連続児童殺傷事件は，その残忍性に加えて，逮捕された犯人が当時14歳の中学生だったことにより，マスコミは大々的にこの事件を報道した。1998年に入って栃木県で同じく中学生が，校内でバタフライナイフにより教師を殺害するという事件が発生し，10代の少年の言動を問題視する風潮が高まった。

マスコミの報道でくり返された「少年の凶悪化」言説（言説とは，ある社会集団や社会関係によって規定される「ものの言い方」「表現」「論述」を指す）は，単にそれが流布されるだけにとどまらず，子どもへの接し方をも大きく変えうる力をもっていた。

その1つに，子どもの内面への関心が高まった。教師にはカウ

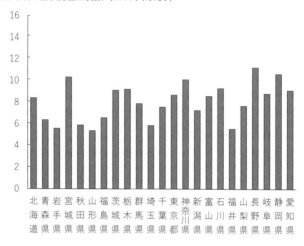

図 7-3 都道府県別不登校児童生徒数（1000 人あたり）

ンセリングマインドが求められ，学校における「心の教育」の重要性が叫ばれた。こうした「心理学や精神医学の知識や技法が多くの人々に受け入れられることによって，社会から個人の内面へと人々の関心が移行する傾向」は，「**心理主義★**化」とよばれる（森 2000：9）。また，トラブルを引き起こす子どもの処遇を厳しくする方策もとられた。1948 年に制定された少年法が，2000 年に入って約 50年ぶりに改正されて，刑事罰の対象年齢が「16 歳以上」から「14歳以上」に引き下げられるなど，いわゆる加害少年への「厳罰化」が進んだ。これら「心理主義化」や「厳罰化」は，ともすると少年個人の特性に関心を寄せることで，学校の制度や文化といった社会の側の問題を見えなくさせることが危惧された。

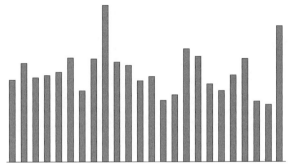

三重県　滋賀県　京都府　大阪府　兵庫県　奈良県　和歌山県　鳥取県　島根県　岡山県　広島県　山口県　徳島県　香川県　愛媛県　高知県　福岡県　佐賀県　長崎県　熊本県　大分県　宮崎県　鹿児島県　沖縄県

　私たちはつい，「最近の若者は……」と，年下の世代を批判し，自分たちの世代を優位に立たせようとする。高齢者がそうした論調をとるだけではなく，大学生にもなれば，「最近の中学生は……，自分のころはちゃんと……」と嘆いてしまう。そうした印象論ではなく，エビデンスに基づいて診断を下すべきであり，それこそが教育社会学の強みである。犯罪の公式統計を紐解くと，少年（20歳未満）の殺人検挙人員数（未遂を含む）ならびにその人口比の数値は，「少年の凶悪化」とはまったく異なる状況を指し示している（図7-4）。1950・60年代に殺人事件は多発し，1980年代ごろには一気に件数が減少し，その後は低い水準で推移している。「少年の凶悪化」の根拠は見当たらない。

　ここで注意点を2つあげておきたい。

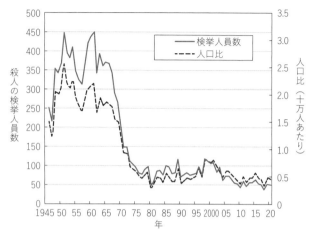

図 7-4 少年による殺人の検挙人員数と少年人口比

(注) 少年とは 19 歳未満を指す。未遂の件数も含まれる。
(出所) 法務省『犯罪白書』より作成。

　第 1 に，殺人について検挙人員数のみならず人口比も算出した
理由はわかるだろうか。人口比は，とくに長期的な変動を示すとき
には不可欠な指標である。なぜなら，第 1 次ベビーブーム期 (1947
〜1949 年) には，年間の出生数は 270 万人近くにまで達していた。
それが 2016 年には 100 万人を切り，2021 年には過去最少の 81 万
人にまで減ってきている。これほどまでに子ども数に変動がある場
合には，単純に検挙人員数のみに着目すると，数値の解釈を誤る。
子ども数が多ければ，検挙人員数もそれに比例して多くなる可能性
が高いため，それを子ども数で除する必要がある。

　第 2 の注意点として，さまざまな犯罪やトラブルがあるなかで，
あえて殺人に着目した理由はわかるだろうか。それは，当該統計の
「暗数」の大きさに関係している。「暗数」とは，公的機関に認知さ

れない件数を指す。窃盗などの軽微な犯罪には，「暗数」が多く存在する。「凶悪化」の世論によって警察が少年非行の取り締まりを強化すれば，軽微な犯罪で少年が次々と検挙されていき，統計上はあたかも犯罪が増加したかのように見える。この「暗数」の問題をある程度乗り越える指標の一例として，殺人の検挙人員数は有効である。なぜなら，軽微な犯罪とは異なり，殺人は発生したときそのほとんどが発覚・検挙され公式統計としてカウントされるからだ。そのため，殺人の検挙人員数は，客観的な発生件数として理解するのに適している（鮎川 2001）。

3　科学の限界

質的に迫る

　客観的な実態であろうと主観的な意識であろうと，数値を用いてなんらかの現象を記述・説明する方法は「**量的研究★**」と総称される。「量」とはすなわち「数量」を指し，質問紙調査がその代表例である。今日では，物理的な紙ではなくウェブ上でアンケートに回答する方法への関心が急速に高まっており，そうした調査はウェブ調査あるいはインターネット調査とよばれている。いずれにしても，デュルケームによる「教育の科学」がそうであったように，量的研究による教育現象の把握は，教育学のなかでもとくに教育社会学が得意とするところである。

　一方で教育社会学の領域では量的研究とともに，「**質的研究★**」の方法も駆使されてきた。質的研究とは，主にインタビューや観察，映像・文書記録などを用いて現象に迫る方法である。対照的に整理

コラム 13　ウェブ調査は信用できない？　近年，研究者の間でウェブ調査の活用が広がっている。SNS を使って自分の知り合いやフォロワーに答えてもらう方法も広義にはウェブ調査に含まれるものの，学術界で普及しているウェブ調査とは，一般には，国内で数百万人規模のモニターをかかえる調査会社の協力を得ておこなわれる調査を指す。

　ウェブ調査には，回収や集計の容易さなど各種コストの削減をはじめとしていくつかの利点がある。それら利点のなかでここではとくに声なき声にアクセスできることをあげておきたい。たとえば教育社会学でしばしば採用される学校経由の質問紙配布では，そもそも学校に来ていない不登校の生徒やその保護者には質問紙が届かない可能性が高い。一方でウェブ調査であれば，不登校の子どもや保護者にも届く。新型コロナウイルス感染症がグローバルに拡大するなかで，オンライン型コミュニケーションの頻度と重要度が高まったように，ウェブでつながる世界は，これまでの空間や時間の制約を容易に乗り越える。

　一方，ウェブ調査では代表性の確保に困難が伴う。従来の紙媒体による質問紙調査が目指してきた**ランダムサンプリング★**（無作為抽出）とは異なり，ウェブ調査ではモニター登録している人のみが調査対象となるからである。ただし，従来の無作為抽出による調査も回収率が低下傾向にあり，相応の偏りが生じている（日本学術会議 2020）。ウェブ調査の欠点とされてきた代表性の問題は，紙媒体の調査にも当てはまる。結局は，調査方法にかかわらず科学的手続きとして回答者の偏りを明らかにすることが，学術的な調査研究に求められる態度である。

すると，たとえばウェブ調査で多くの人の意見を集めて全体像を描き出すように，量的研究では当該事象を数量的に広くとらえる。これに対して，インタビュー調査で 1 人の意見を丹念に聞き取って

物事を描き出すように，質的研究では当該事象を狭く奥行きをもってとらえる。たとえば，学校において教師が，遠足で行きたい場所を学級全員の挙手により調べればそれは立派な量的研究であり，そこに行きたい理由を複数名に細かく聞き取ればそれは立派な質的研究である。

　なお，量的／質的と明確に二分できるわけではない。たとえば通常は質的なデータとしてみなされる文書記録も，テキストマイニングの方法を用いて大量の文書記録を数量的に処理することもできる。質的な聞き取り調査を多くの対象者に実施することで，少しずつ全体的な傾向が浮かび上がってくることもある。

▷ 質的研究の方法

　質的研究とはいっても，その具体的な方法は多種多様である。たとえばインタビューを例にとると，調査対象者に投げかけられる質問は，質問紙調査に近いかたちで調査者側があらかじめ明確な質問項目を用意する「構造化インタビュー」（指示的インタビュー）から，質問は大雑把な内容で回答の大部分を被調査者にゆだねる「非構造化インタビュー」（非指示的インタビュー）まで幅広い。両者の中間に位置する方法は，「半構造化インタビュー」とよばれる。質的研究では，限られた人物や場面の状況を丹念に描くことに力点があるため，半構造化あるいは非構造化インタビューにおいてこそ，質的研究の特長が発揮しやすいといえる。

　また，インタビュー記録を用いて，そこから認定可能な事実を取り出す「客観主義」の立場をとることも可能であるし，本人の解釈を重視する「主観主義」の立場をとることもできる。あるいは，インタビュー場面を，語り手と聞き手の共同作品とみなす「対話的構

築主義」（桜井 2002）からのアプローチもありうる。さらに，人々の言葉や振る舞いを観察・記録の対象とした場合には，その言動をコード化しそれらを分類・統合しながら理論を産出する「グラウンデッドセオリー」や，人々が日常の場面をいかに成り立たせているのかを解明する「エスノメソドロジー」など，特有の手続きをもったアプローチもある。

　いずれにおいても，広く質問紙を配布する量的研究とは異なり，質的研究では特定の人物や場面に絞った調査を行う。その意味で質的研究は，数字では表現できないような人々の現実感や息づかいから成り立っている。エスノメソドロジーの創始者 H. ガーフィンケルは，科学者があらかじめ想定した枠組みで行為する様を「判断力喪失者」とよび，警鐘を鳴らした。行為者＝調査対象者の主体性を重視した調査がいかにして可能か。これは質的研究のミッションといえよう。

▷ 虚像を信じる？

　「ライフヒストリー」研究の第一人者である中野卓が編んだ『口述の生活史——或る女の愛と呪いの日本近代』（御茶の水書房，1977年）に，「奥のオバァサン」という女性が登場する。奥のオバァサンの地域には，「頼母子講」とよばれる，知人や親戚が寄り合って金銭を集めて，必要とする者に供与する慣習があった。奥のオバァサンの家がその掛金を掛けられなかったとき，困り果てて窓の外に手を出しておがんでいると，お稲荷さんが十円札をくれたという。この語りについて桜井厚は中野との共編著において，「語り手の経験としての生にとっては，『本当』のこと」（桜井 1995：243）と意義づける。幻聴や幻覚，幻想といえるような科学的には信憑性の低

い内容であっても，語り手にとってそれが「本当」のことであり，それに基づいて人生がかたちづくられているのだから，それを丸ごと受け止めていくべきと主張する。

　社会学において主観的な規定の重要性を最も初期に提起したのは，W. I. Thomas らである。個人は自分の置かれた状況を解釈し意味づける。この吟味と思索の段階を Thomas は「状況の定義」とよび，「もし人が状況を真実であるととらえるならば，その状況は結果においても真実である」（Thomas and Thomas 1928：572）という公理を導いた。「状況の定義」概念の議論では，公理の前半部分の「もし人が状況を真実であるととらえるならば」に関心が向けられがちだが，それと同等に重要なのは後半部分の「結果」である。主観的な規定が，その後につづく生活ひいては人生を大きく左右する。

　これをもって，Q7.3 の問いを設けた理由も了解可能となるだろう。a と c と d はいずれも，その対策の結果として，客観的な音量を低減しようという試みである。騒音問題の解決方法としては，じつにまっとうな対策といえる。その一方で b は，客観的な音量そのものには変化が生じない。ただ，子どもと住民のふれあいの機会をつくることをとおして，幼稚園の子どもを自分の身内のように考えて，その活動をあたたかく見守ってもらいたいとのねらいがある。客観的にはそれなりの音の大きさがあったとしても，それを受容可能なものと理解してもらうのである。a～d のそれぞれが騒音対策の効果がある点ではすべてが正解であるけれども，ここの文脈では特に b を正解としたい。すなわち，私たちの主観的な認知が，私たちの現実の生活を構成している。この目線なくして，人々のリアルには迫れない。

Exercise 演習問題

統計データとして公表された数値が，必ずしも実像をあらわしているとは限らない例を，いくつかあげてみよう。そして，それをできるだけ実像に近づけるための工夫を考え出してみよう。

Book guide 読書案内

・D. ハフ，1968，『統計でウソをつく法 ── 数式を使わない統計学入門』（高木秀玄訳）講談社

統計データを批判的に読むことの重要性を教えてくれる名著。難しい統計学の本ではなく，数字でいかに人がだまされやすいか（人をだますことができるか）が具体的に示されており，統計データをていねいに読み解くことの重要性が実感できる。

・岸政彦・石岡丈昇・丸山里美，2016，『質的社会調査の方法 ── 他者の合理性の理解社会学』有斐閣

量的調査とは異なる，質的調査のおもしろさ，言い換えると「他者を理解する」という作業のおもしろさを存分に味わうことのできる著書。聴き取り調査や参与観察といった代表的な調査手法から，現実の描き方を学ぶことができる。

・森田洋司，2010，『いじめとは何か ── 教室の問題，社会の問題』中央公論新社

いじめの「四層構造論」で知られる森田洋司による，いじめ研究の決定版。歴史と国際比較の両面から，「いじめ根絶」ではなく，「いじめを止められる社会」が目指される。

Bibliography 参考文献

日本語文献

鮎川潤，2001，『少年犯罪──ほんとうに多発化・凶悪化しているのか』平凡社。

桜井厚，1995，「生が語られるとき──ライフヒストリーを読み解くために」中野卓・桜井厚編『ライフヒストリーの社会学』弘文堂。

桜井厚，2002，『インタビューの社会学──ライフストーリーの聞き方』せ

　りか書房。

デュルケーム，É.，1982，『教育と社会学』（佐々木交賢訳）誠信書房。

デュルケーム，É.，1985，『自殺論』（宮島喬訳）中央公論社。

保坂亨，2000，『学校を欠席する子どもたち──長期欠席・不登校から学校
　教育を考える』東京大学出版会。

森真一，2000，『自己コントロールの檻──感情マネジメント社会の現実』
　講談社。

山本宏樹，2008，「不登校公式統計をめぐる問題──五数要約法による都道
　府県較差の検証と代替案の吟味」『教育社会学研究』83：129-148。

外国語文献

Best, J., 2008, "Birds-Dead and Deadly: Why Numeracy Needs to Address So-
　cial Construction," *Numeracy*, 1（1），Article 6.

Guyatt, G. H., 1991, "Evidence-Based Medicine," *ACP Journal Club*, 114,
　Mar-April: A-16.

Thomas, W. I. and D. S. Thomas, 1928, *The Child in America: Behavior
　Problems and Programs*, Alfred A. Knopf.

善と悪の間から

第 **8** 章 *Chapter*

Quiz クイズ

Q8.1 英語の "school" の語源とされる古代ギリシア語の "scholē"
には，どのような意味があるだろうか。
a. ひま　**b.** 未来　**c.** 勉強　**d.** 強制

Q8.2 未成年の子どもだけで夜から朝までカラオケを楽しんだとき，
その背景にはどのようなことが想像されるだろうか。
a. 勉強ばかりでストレスがたまった
b. 夏休みで，つい開放的になった
c. 日頃の行動を親から叱られたため，カラオケ店が居場所と
なった
d. 大人が勝手に，未成年の深夜カラオケを問題だとみなして
いる

Q8.3 人間の歴史において文字がなかった時代には，誰が最も知識
を有していたと考えられるだろうか。
a. 乳幼児　**b.** 10 歳前後の子ども　**c.** 30 歳前後の大人
d. 高齢者

Answer クイズの答え（解説は本文中）

Q8.1　a　　Q8.2　a〜d　　Q8.3　d

Chapter structure 本章の構成

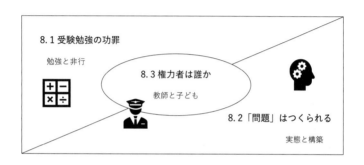

8.1 受験勉強の功罪

勉強と非行

8.3 権力者は誰か

教師と子ども

8.2「問題」はつくられる

実態と構築

本章の概要

　本章では，教育問題を記述し説明するための理論として，緊張理論／統制理論／逸脱文化学習理論／社会問題の構築主義の4つの立場を紹介する。また，メディアの発展の経緯から，教育問題の構築に影響を与えうる権力関係，学校教育でいうところの教師‐子ども関係の確立とそのゆらぎを説明する。

1 受験勉強の功罪

▷ 無理やり勉強させられる

　読者の皆さんの多くは，これまでに何度か受験の試練を味わってきたことだろう。学校に通うことも勉強することもそれなりに楽しかったけれども，受験勉強そのものはしんどかったとの思いが強いのではないだろうか。

　皆さんは，英語の "school"（スクール）が「学校」を意味することはよく知っているはずだ。その語源は，古代ギリシア語の "scholē"（スコレー）にまでさかのぼる。Q8.1 で問いかけたように，その "scholē" の意味は，「学校」とはずいぶんと異なっていた。答えは今日のように学校で勉強することが当たり前の状況を前提としていては，得られない。当時，学ぶという営みは，いったい誰のものであったのか。

　Q8.1 の答えは，a の「ひま」である。日々，生活の糧を得るために働きつづけるのではなく，労働から解放された支配階級の子どもが学校で知的な探究に時間を割いたのであった。考えてみると，学校で落ち着いて学びを深めることができるのは，時代を問わずとても贅沢なことである。ただ，先に述べたように受験勉強はけっして余暇を楽しむような感覚ではなかったことだろう。テストで高い点数をとるために寝る間を惜しんで勉強しつづけなければならない。勉強をつづけることも，またそこから降りることも，子どもの心身に大きな負の影響を与えうる。それは非行のような外向きの行動となってあらわれることもあれば，不登校のような内向きの行動となってあらわれることもある。

受験競争が子どもになんらかの負の影響を与えるという考え方は，長い間教育界を支配してきた。受験競争は子どものストレスを高め，その結果子どもを問題行動に向かわせてしまうという発想である。Q8.2 で示した未成年の深夜カラオケについていうと，**a** の着想がそれに近い（後段でわかるとおり，Q8.2 は a～d のすべてが正解である）。

学校教育は，子どもの日常に緊張を強いる。この「緊張」を問題行動の原因とみなす立場は，「緊張理論」とよばれる。緊張理論は性善説を前提として，「緊張」が善なる人々をして問題行動に向かわせると考える（なお本章では不登校を広く「問題行動」というカテゴリーに含めるものの，厳密にいうと文部科学省は 2016 年 9 月の通知で，多様な背景から結果的に不登校になっているとして「『問題行動』と判断してはならない」と記している）。

緊張理論の論者として知られるのが，アメリカの社会学者，R. K. マートンである。マートンは，「文化的目標」と「制度的手段」のズレに問題行動の起源を見出す（マートン 1961）。アメリカでは，富の獲得が「文化的目標」として人々に強く共有されている。そして目標を達成するためには，やみくもに活動すればよいのではなく，一定の合法化された「制度的手段」にしたがって動かなければならない。

たとえば，高収入の職業に就くという目標を達成するためには，一般に高学歴を取得するという手段が必要とされる。だが，高学歴への道は誰にでも開かれているわけではない。高い目標は共有されていても，目標達成の手段は制約されている。マートンはここに「緊張」が生じると考えた。

しかしながら，受験競争はそれほどまでに子どもに負の影響を与

えるのだろうか。ここで皆さんに試みてほしいのは，受験競争＝悪という常識をいったん停止させて，異なる角度から受験競争の作用を描いてみることである。

次に紹介する「統制理論」は，緊張理論とは逆の前提からスタートする。統制理論は人間を性悪説的に措定する。つまり，人間は自由にしておくと犯罪に走りかねないのであり，なんらかの統制があるおかげで人々は合法的な生活を送ることができる。その統制が緩んだときに問題行動が生じると想定される。Q8.2 でいうところのb の着想がそれに近い。

統制理論を代表するのは，アメリカの社会学者 T. ハーシである。ハーシによると，愛着，投資，巻き込み，規範観念の4つの社会的なつながりが，問題行動を抑制している（ハーシ 1995）。受験勉強を通じて子どもは教師との良好な関係を築き（愛着），これまでの勉強の努力を何とか活かしたいと願い（投資），勉強に没頭することによって非合法的な活動の機会を失い（巻き込み），正統な学校のルールを身につける（規範観念）。受験とは，子どもを学校という合法的な時空間につなぎとめるための重要な装置である。たしかに，定期テストや受験があることで，私たちは「まじめ」に生きていかざるをえない。こうして私たちは，学校を中心にした合法的な社会生活を送ることができているのであり，問題行動とは，その社会的なつながりから切り離されたときに生じると解される。

▷ 営みの「意図せざる結果」

デュルケームとともに社会学の黎明期の主要人物である M. ウェーバーは，『プロテスタンティズムの倫理と資本主義の精神』（1904-1905 年：訳書 1989 年）のなかで，プロテスタントが天職たる

職業労働において実施した禁欲的態度が，資本主義の発展の大きな要因となったと論じた。勤勉や節約という一見すると富の追求とは無縁であるかのような態度が，結果的に合理的な経営のもとでの豊かな財を生み出していく。資本主義の発展はプロテスタントにとっては，「全然意図されなかった結果であり，しばしば，彼ら自身の念頭にあったものとは遥かにかけはなれた，あるいはむしろ正反対のもの」（ウェーバー　1989：134）である。

　主観的な意図や動機は，必ずしもそのとおりの客観的結果をもたらすわけではない。ある意図をもってなされた行為が，その意図とは異なるまたは正反対の結果をもたらすという現象を，マートン（1961）は，行為の**意図せざる結果★**として社会学の分析対象に位置づけた（これは**第7章**の「**状況の定義**」概念とも関連する考え方である）。行為の結果が意図どおりであればそれは「顕在的機能」をもつといえるが，「意図せざる結果」は「潜在的機能」としての性格をもっている。その機能が当の個人や集団，社会にとって正の作用をもつ場合には「順機能」であり，負の作用をもつ場合には「逆機能」である。

　学校教育における受験の意図された機能とは，たとえば同学年の集団から生徒を選抜し，次につづく学校段階や社会的地位に配分していくことである。ところがそれが生徒に緊張を与え，学校への忌避感を生み出すことになりうる。潜在的な逆機能である。一方で，皆さんが大学生ならば，大学の定期試験の前にはきっとたくさん勉強するだろうし，まさにいまそのためにこの本を読んでくれているかもしれない。こうして皆さんは，合法的な世界につなぎとめられている。これは潜在的な順機能と表現できる。

　教育界では，受験競争のなかにいる子どもの姿は，ネガティブな

ものとしてとらえられる傾向がある。夜遅くに塾の建物から出てくる子どもを見ると，胸が痛くなるのも同じだ。それだけに，子どもの生活にポジティブな影響を与えているというのは，直感的には受け入れがたいかもしれない。ただここで受験競争の順／逆機能よりも重要なことは，自分の思い込みをいったん停止させて，多角的に当の現象を読み解いていくことである。自分の視点は，他の視点と比べてどのような位置にあるのか，どのような特徴をもっているのか。自分の**ポジショナリティ★**（立ち位置），言い換えれば，自分の思考の前提となっている「背後仮説」（自明視されている大前提）を問うことが肝要である。

2 「問題」はつくられる

善と悪の境界

ここまでの説明で，私たちが暗黙のうちに設定していたことがある。それは，何が善いおこないで何が悪いおこないなのかの区別である。緊張が高まった結果としての行為，そして統制が緩んだ結果としての行為，ここまではそれらの行為をいずれも社会的に容認されえないものとして描いてきた。だが，そのときの「容認されえない」という基準は，どこの誰にでも当てはまるような普遍性をもっているのだろうか。ここで皆さんには，ある逸脱行為について，Aという集団とBという集団で評価が正反対となるような例を考え出してほしい。

たとえば，夜に繁華街に出歩くような，いわゆる深夜徘徊はどうだろうか。未成年が深夜徘徊していれば，学校の先生に注意された

り，警察に補導されたりする。学校や警察という集団にとっては，未成年の深夜徘徊は立派な逸脱行為である。一方で，夜の繁華街に出入りしている先輩や友達にとってみれば，新顔の少年は，自分たちと同じ仲間である。

　主流の支配的な文化（メインカルチャー）からすれば逸脱と定義される行為であっても，他の小さな集団の文化（サブカルチャー）からすればそれがごく当たり前あるいは賞賛に値する行為だったりする。社会に普遍的に通用する価値基準を前提とするのではなく，「善いおこない」と「悪いおこない」の価値基準が集団によって異なっていることを前提として逸脱を説明するのが「逸脱文化学習理論」である。人は，自分が参与する集団の価値を学習し，その学習成果を行為に移す。ただその行為が，メインカルチャーや他の集団からは逸脱や犯罪とみなされるのである。

　逸脱的文化を学習の観点から本格的に理論化したのは E. H. サザーランドである。サザーランドの「差異的接触理論」によれば，逸脱は個人が接触をもつ社会関係のなかで，他の人々との相互作用を通して習得されていく（サザーランド・クレッシー 1964）。犯罪率の高い地域では，社交的で行動派の少年は，近隣の少年たちと接触するなかで逸脱の文化を学習しギャングの一員になりやすい。他の地域であればきっとその少年は，少年団の一員となり，逸脱とは無縁の生活を送ることになっただろう。親密な人間関係を通して，個人はその集団が有する文化を好ましいものとして学んでいく。ただそれが法によって合法／違法と判定されるだけであり，行為者にとってみれば，遵法的な生活態度も違法的なそれも，1つの学習過程という点では同質である。さまざまな文化に個人が接触するなかで，法に肯定的な態度よりも法に否定的な態度を学んだ者がいわゆ

る逸脱者となっていく。

▷ ラベルを貼る人

「問題」として想定されるある行為は，普遍的に「悪」であると
は限らない。問題行動について考えるにあたっては，当の行為を遂
行する本人ではなく，行為を意味づけて評価しようとする側の態度
を考察の対象に入れる必要がある。いったい誰が，それを「問題」
であると決めつけているのか。

そうした着想をもつ視角として，**ラベリング**★の議論を紹介しよ
う。ラベリング論を世に知らしめたのは，H. S. ベッカーである。
ベッカーは，問題は社会によって生み出されることを強調する
（ベッカー 2011）。ただし，それは社会環境が問題行動を引き起こす
という意味での原因論を呼び起こすものではない。社会が規則をつ
くり，それに背く人たちに逸脱者のレッテルを貼って処遇していく
プロセスこそが，ベッカーの関心事であった。

深夜にコンビニの前で生徒どうしが雑談している状況を教師が見
つけて，規則に背く「問題」行動であると厳しく注意をすれば，そ
れがかえってその生徒の反発を招く。そして教師が「問題」とみな
すまさにその行動（深夜に友達と外出する）をさらに深刻化させるこ
とがあるだろう。この場合，教師によるレッテル貼りこそが，生徒
の本格的な問題行動を引き起こすと解される。

私たちはしばしば，「人があれだけ注意したにもかかわらず，そ
れを聞かずにあの人はますますおかしくなっていった」と考える。
だが，ラベリング論の発想によればそうした非難こそが，「逸脱者」
という存在をつくりだし，その行為を深刻化させながら，誰の目に
も明らかな「逸脱者」を生み出すのである（もちろん，すべての事例

コラム14　誰の目線なのか!?　　逸脱者本人の目線に迫った研究の1つに，P.ウィリスの『ハマータウンの野郎ども』（ウィリス1996）という作品がよく知られている。原題の"Learning to Labour: How Working Class Kids Get Working Class Jobs" にあらわれているように，同書では労働者階級の若者がいかにして労働者たることを学習していくかが，丹念なフィールドワークによって明らかにされている。

　教師に対する反抗や，あるいは飲酒や喫煙など反学校文化的な態度は，ともすれば緊張理論がそうであったように，抑圧的な学校教育制度の被害者の振る舞いとして描出できる。だが『ハマータウンの野郎ども』に描かれているのは，能動的に学校文化に抵抗し，労働者文化に適応していく若者の態度である。

　本書を手にとっている読者をはじめ大学関係者はともすると，学力が一定水準に達して進学を目指す中高生の姿を是とみなしがちである。だがそれとはまったく別の世界がありうることを，『ハマータウンの野郎ども』は教えてくれる。「逸脱」や「低学力」とは，いったい誰のものさしなのか。教育・社会問題の研究とは，自分自身の価値観をも問い直す作業である。

がそうなるわけではない）。Q8.2でいえば，cの選択肢がそうした状況を示している。

　悪いのは，非難されている人ではなく，非難している人かもしれない。ここでラベリング論は，人を非難し統制しようとする権力を誰が有しているのかという問いを提示する。

　何が「善」で何が「悪」なのか，そして，ラベルを誰が貼り，誰が貼られるのかは，社会の権力構造の反映である。ラベリングの効果を考えるときには，ラベルを貼る側がもし教師（学校）や親，裁判官（裁判所），警官（警察）のような権力者ではなく，幼い子ども

だったらどうかと想像するとよい。幼児が，ある人を非難したから
といって，その人が幼児からの非難を真に受けてしまうだろうか。
ラベリングは，権力を背景にしたとき，絶大な効果を発揮する。教
師−生徒の権力関係が展開する学校の日常は，ラベリング論が切り
込むべき領域である。

▷ 社会問題の構築

　ラベリング論は，他者の反応によって「問題」という意味づけが
なされることに注目した。そのラベリング論の骨子をより徹底させ
た見地が，M. B. スペクターとJ. I. キツセによる**社会問題の構築★**
（キツセ・スペクター 1990）である。

　スペクターとキツセが試みたのは，社会問題を，ある種の実体を
もった「状態」としてではなく，「なんらかの想定された状態につ
いて苦情を述べ，クレイムを申し立てる個人やグループの活動」
（同書 119 頁）として理解することである。ある集団が「それが問題
だ」と主張するならば，その主張活動を社会問題研究の対象に据え
ようという。よってこのとき，「問題」あるいは「逸脱」といわれ
る出来事が，客観的状態を有しているかどうか（平たくいえば，それ
が本当に起きているかどうか）は基本的には関係がない。このような
とらえ方を構築主義とよぶ。構築主義が分析するのは，ただ特定の
人々による主観的な定義活動である。人々が何を「ある」とみなし
何をその「原因」と考えているのかが，関心事となる。

　たとえば，「いじめ」や「不登校」は，ある個人（A先生）や組織
（人権擁護団体や文科省）がそれを「解決すべき問題である」とクレ
イム申し立てすることで明らかな社会問題・逸脱現象として私たち
の認識にのぼってくる。もしかすると，「いじめ」の訴えは，他の

> **コラム 15　社会学者はすべてを知っている⁉**　　スペクターとキ
> ツセの宣言とは裏腹に，そこには客観的実態が無自覚に措定されて
> いることを曝いたのが，S. ウールガーと D. ポーラッチの「オント
> ロジカル・ゲリマンダリング（存在論における恣意的な境界設定）」
> （ウールガー・ポーラッチ 2006）の議論である。これは，研究者
> がある部分についてはそれを「構築されたもの」とみなし，ある部
> 分についてはそれを「客観的状態」とみなして，恣意的な線引きを
> おこなっている状況を指す。構築主義は，「客観的状態を問わない」
> という命題を掲げながらも，その多くは，ある客観的な状態を想定
> している。そして客観的状態が変化していないのに，その状態に関
> する定義や見方が変化したと主張しているという。
> 　　第 7 章では，いじめ件数の過去最多が過去最悪を示すわけでは
> ないことを主張した。学校がいじめを見つけようとするから件数が
> 増えるのだという見解の背景には，実は「きっといじめは，本当は
> 増えていない」という信念がある。本当の状態が不変あるいは減少
> していると内心で確信しているからこそ，構築されたのだと主張で
> きる。構築主義は，「本当に起きているかどうかは問わない」とい
> う態度から始まりながらも，結局のところは，暗黙裏に客観的な本
> 当の状態を利用し，問題の構築性を指摘するという危うさをはらん
> でいる。

集団の主張（「いじめなんて起きていない」）によってかき消されるか
もしれないし，あるいは共感的な集団の賛同（「いじめはあちこちで
起きている」）によって世間の耳目を集めるほどにまで拡大するかも
しれない。このように構築主義は，クレイム申し立て活動とそれに
反応する活動などの一連の過程を説明し分析する。**Q8.2** でいえば
d の選択肢が分析の対象となる。

　なお，広く構築主義の考え方は，社会問題の理解のみならず，

個々人の生活における苦悩の理解にも有用である。何かについて語るということは，別の何かについて語らないことを意味する。「ナラティブ・アプローチ」とよばれる，相談者の解釈を重視する臨床の現場では，患者の苦悩の根源にある支配的な「ドミナント・ストーリー」を発見する。そのうえで，ドミナント・ストーリーとは別の新たな「オルタナティブ・ストーリー」の構築が目指される（ホワイト・エプストン 1992）。相談者（子ども）が「自分は学校に行けない弱い人間だ」と考えるドミナント・ストーリーに対して，「学校があまりに理不尽なことを求めてきているのでは？」とオルタナティブな語りを構成していく。こうして個々人の苦悩の軽減が図られていく。個々人の苦悩とは，すぐれて社会的な現象である。

3　権力者は誰か

▷ **文字がなかった時代**

　学校において立ち現れる教師と子どもの権力関係は，メディアの存在とその取り扱いによって大きく規定されている。ここでいうメディアとは，マスメディアの意味に限定されない。「メディア」（media）は，情報伝達の媒体を意味する「メディアム」（medium）の複数形である。情報を伝える手段は広く「メディア」であり，今日のインターネットはもちろんのこと，原初的な声や，身振り，手振りもメディアであり，壁画（壁と絵）もまたメディアである。

　メディア研究の代表的論者として知られる M. マクルーハンは，その著書『メディア論——人間の拡張の諸相』（1964 年：訳書 1987年）において，「メディアはメッセージである」とのテーゼを残し

ている。私たちはたとえばあるテレビ局のニュース番組が用意した
コンテンツの影響を読み解くことに関心を向けるが，実はテレビと
いう種類のメディアそのものが人間の生活に与える影響こそが重要
だと，マクルーハンは主張する。メディアはメッセージを伝えるた
めのただの仲介役ではなく，メディアそれ自体がメッセージとして
私たちの経験や人間関係に多大な作用を及ぼす。

　メディアの歴史は，①口頭メディア，②手書き文字メディア，③
印刷メディア，④電子的映像メディア，⑤インターネット，と展開
してきた（有山 2004）。口頭メディアとは，声を指す。ただし，文
字を読み上げる声ということではなく，文字が使われる以前の時代
における声のコミュニケーションである。声につづいて，文字の段
階が訪れる。文字の段階では，先に手書き文字メディアがあり，そ
の後に活版印刷による印刷メディアが現れ，さらにその文字の段階
を経て，電子メディアが台頭する。ここでいう電子メディアとはテ
レビのような映像メディアを想像するとよい。

　マクルーハンとほぼ同時代に活躍したメディア研究者で，特に原
初的な「声の文化」に着目したのが，W. J. オングである。『声の文
化と文字の文化』（1982 年：訳書 1991 年）において，オングは「一
次的な声の文化」すなわち「まったく書くことを知らない文化」の
時代のコミュニケーションを描き出した。

　オングは，書くことは，人間の意識をつくりかえてしまったと，
主張する。それは，文字のない時代に，声だけで会話したり思考し
たりすることを想像すればよい。いまあなたは，この文章を一字一
句追っている。適当なタイミングで，途中にしおりをはさんで食事
をとることもあろう。重要だと思った箇所には，もう一度戻って，
読み直しながら線を引くこともあるかもしれない。文字はいつでも，

どこでも，あなたの手元にある。

　まったく文字がない世界において，誰かがこの文章と同じような内容をあなたに口頭で話しかけていて，あなたはそれをしっかりと学びとりたいと感じたとしよう。あなたはその場を中座することはできないし，重要だと思ってもノートに文字で「記録」をとることもできない。あなたは私の発言を「記憶」するために，私の声に集中することになる。声は，発した瞬間に消えてしまう。そこには今日とはまるで異なるコミュニケーションがくりひろげられる。

▷ 知識の所有者

　メディアの変容は，私たちの人間関係を大きく左右する。オングが示す，一次的な声の文化における「古老」の立場は興味深い。オングによると，知識が声に依存している時代には，過去の出来事が文字で記録されることはないため，知識を保存している博識の古老が高く評価される。Q8.3 でいうと，正解は d である。

　ところが，文字による記録が開始されると，過去を再現できる古老の存在意義は小さくなっていく。では，文字の時代には誰が知識を所有するのか。N. ポストマンは『子どもはもういない』において，文字が誕生しそれが印刷機を通して広範に社会に行き渡った時代から，テレビなどの電気を用いた映像メディアの時代への移り変わりを照射する（ポストマン 2001）。

　印刷機の発明は，本の文化を定着させた。ポストマンはそれが，子どもと大人の分離を生み出したという。すなわち，「本に出ているあらゆる宗教的，非宗教的情報，多数の形式の著作物，記録された人間の体験の秘密のすべてを閲覧できたのは，読み書き能力がある大人たちだった。大部分の子どもたちは，それができなかった。

これが，かれらが子どもだった理由だし，学校へかよわなければならなかった理由である」（同書115頁）。

話し言葉とは異なり，文字の読み書きには，訓練が必要である。ポストマンが「かれらが子どもだった」というときの「子ども」とは，単純に年齢的に幼いことを意味するわけではない。概念として，大人とは異なる存在としての子ども，大人が教育すべき対象としての子ども，という意味であり，その教育が学校で教科書等の本を用いてほどこされた。

ところが，テレビという新たなメディアの登場により，「情報のヒエラルキーの基盤は崩壊する」。なぜなら，「人びとはテレビを見るのである。読むのではない。聞くのでもない。見るのだ。これは，大人にも子どもにも，知識人にも労働者にも，頭のよくない人にもいい人にもあてはまる」（同書118頁，傍点ママ）と，ポストマンは力説する。テレビは，その人の置かれた立場に関係なく，平等に情報へのアクセスを保障してくれる。テレビを前にすれば，大人と子ども，あるいは教師と子どもは対等になりうる。

▷ インターネットが教師 – 子ども関係を揺るがす

最後が，インターネットの時代である。幼少期からデジタル機器に囲まれ，インターネットを通して情報をやりとりしながら育った世代は「デジタル・ネイティブ」とよばれる。かつて，誰かに直接たずねたり，百科事典を調べたりしてたどりついた答えが，パソコンやスマホさえ手元にあれば，インターネット回線を通していつでもどこでも入手できる。機器やアプリの操作にも手慣れており，子どものほうが大人よりも先に，最適な情報を入手する。インターネット上に文字情報しかなければ大人はまだ優位かもしれないが，

そこには子どもたちが得意とする YouTube などの映像情報があふれている。

このような時代において，大人は情報の規制に熱心である。パソコン，タブレット，携帯電話などの端末が，大人から子どもに提供される際に，大人の側で先に規制をかける。そうすることで，子どもは大人が見知っている範囲でのみ情報へのアクセスが可能となる。2019 年に始まった文部科学省の「GIGA（Global and Innovation Gateway for All）スクール構想」により，小中学校では子どもへのタブレット等の配付が進んだものの，YouTube の視聴を禁じた自治体が少なくなかった（『朝日新聞』2021 年 8 月 1 日付）。

それらの情報規制は，大人が悪意をもって自身の権力の座にしがみつくためというよりは，あくまで自分たちよりも未熟であるはずの子どもを守ってあげよう，という保護主義的な配慮から行われている。ただそれが結果としては，インターネット時代に逆転しかねない権力の座を，文字の時代のままに保守することになる。

以上は，技術決定論的な説明であり，現実はもっと多様であろう。ただマクルーハンが指摘したように，メディアはたしかに私たちが気づかぬうちに，日常の人間関係を大きく左右している。

∕∕∕ **Exercise**　演習問題 *∕∕*

家庭内における「子ども虐待」について，緊張理論／統制理論／逸脱文化学習理論／社会問題の構築主義の 4 つの立場から説明を試みてみよう。

∕∕∕

⚡ Book guide　読書案内 ⚡

・J. ベスト，2020，『社会問題とは何か —— なぜ，どのように生じ，なくなるのか？』（赤川学訳）筑摩書房

　「社会問題の構築主義」の観点が，具体的な事例とともに説明されており，「社会問題の構築主義」の入門書として活用できる。なおベストは，『統計はこうしてウソをつく —— だまされないための統計学入門』（白揚社，2002 年）など，統計データを批判的に読解する本を複数著している。

・伊藤守編，2015，『よくわかるメディア・スタディーズ〔第 2 版〕』ミネルヴァ書房

　メディアの歴史から，今日的なグローバル化や空間論もカバーしており，メディア論を広く学ぶには最適の書である。巻末の，「理論・研究者紹介」が充実しており，初学者にはとても有用である。

・都島梨紗，2021，『非行からの「立ち直り」とはなにか —— 少年院教育と非行経験者の語りから』晃洋書房

　教育社会学は，学校教育とその外側にある社会とをつなぐ学問領域である。この書は，少年院教育とその少年院の外の世界（入院前・出院後の経験）とをつなぐ分析枠組みのもとで構成されている。教育社会学の観点が，非行研究においていかに有用であるかが理解できる。

⚡ Bibliography　参考文献 ⚡

　　有山輝雄，2004，「メディア史を学ぶということ」有山輝雄・竹内昭子編『メディア史を学ぶ人のために』世界思想社。

　　ウィリス，P.，1996，『ハマータウンの野郎ども —— 学校への反抗・労働への順応』（熊沢誠・山田潤訳）筑摩書房。

　　ウェーバー，M.，1989，『プロテスタンティズムの倫理と資本主義の精神』（大塚久雄訳）岩波文庫。

　　ウールガー，S.・D. ポーラッチ，2006，「オントロジカル・ゲリマンダリング —— 社会問題をめぐる説明の解剖学」（平英美訳）平英美・中河伸俊編『新版　構築主義の社会学 —— 実在論争を超えて』世界思想社。

　　オング，W. J.，1991，『声の文化と文字の文化』（桜井直文・林正寛・糟谷啓介訳）藤原書店。

　　キツセ，J. I.・M. B. スペクター，1990，『社会問題の構築 —— ラベリング理

論をこえて』（村上直之ほか訳）マルジュ社。

サザーランド，E.H.・D.R.クレッシー，1964,『犯罪の原因』（平野龍一・所一彦訳）有信堂。

ハーシ，T.，1995,『非行の原因——家庭・学校・社会のつながりを求めて』（森田洋司・清水新二監訳）文化書房博文社。

ベッカー，H.S.，2011,『完訳 アウトサイダーズ——ラベリング理論再考』（村上直之訳）現代人文社。

ポストマン，N.，2001,『子どもはもういない』（小柴一訳）新樹社。

ホワイト，M.・D.エプストン，1992,『物語としての家族』（小森康永訳）金剛出版。

マクルーハン，M.，1987,『メディア論——人間の拡張の諸相』（栗原裕・川本仲聖訳）みすず書房。

マートン，R.K.，1961,『社会理論と社会構造』（森東吾・森好夫・金沢実・中島竜太郎訳）みすず書房。

「子どものため」の
陥穽

Quiz クイズ

Q9.1 図 9-1 のグラフは，世界 48 か国・地域における中学校教員
の 1 週間あたりの「課外活動」（放課後のスポーツ活動や文化活
動）にたずさわる時間数を表している。日本は，A〜D のどこ
に位置しているだろうか。
a. A **b.** B **c.** C **d.** D

Q9.2 「聖職者」に反する態度として，教育界で長らく批判的にとら
えられてきた教師像がある。その名称とは何か。
a. サラリーマン教師 **b.** 熱血教師 **c.** ボランティア教師
d. 献身的教師

Q9.3 個人化する社会において，教員の長時間労働のしんどさを訴
える声は，なぜ Twitter において盛り上がったと整理できる
だろうか。最も適当なものを選んでみよう。
a. 若い教員が Twitter を使い慣れているから
b. Twitter では労働問題が頻繁に語られているから
c. 理不尽な労働は法律違反であるから
d. Twitter では匿名で意見が言えるから

Chapter structure 本章の構成

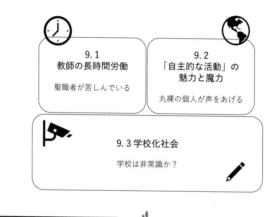

9.1
教師の長時間労働

聖職者が苦しんでいる

9.2
「自主的な活動」の
魅力と魔力

丸裸の個人が声をあげる

9.3 学校化社会

学校は非常識か？

本章の概要

　教育問題とはけっして，子どもが直面する困難のみに限られない。学校の日常をつくりだしている教師もまた，教育上のさまざまな課題に直面する。特に教師の立場に注目したとき，近年重大な問題として認識されるようになっているのが，教師における長時間労働の常態化である。それは単に強制的に長時間労働に駆り出されているというよりも，聖職者としてその業務をみずから引き受けている側面もある。ドラマトゥルギーや学校化社会の概念とととともに，学校の長時間労働の背景に迫る。

1　教師の長時間労働

◇ 聖性が付与された活動

　教員の長時間労働が問題視されるなか，中央教育審議会は 2019 年 1 月に，「新しい時代の教育に向けた持続可能な学校指導・運営体制の構築のための学校における働き方改革に関する総合的な方策について（答申）」（以下，「働き方改革答申」）を発表した。答申はその「はじめに」において，「'子供のためであればどんな長時間勤務も良しとする' という働き方は，教師という職の崇高な使命感から生まれるものであるが，その中で教師が疲弊していくのであれば，それは '子供のため' にはならないものである」(2 頁) と，学校教育の教義と言うべき「子供のため」がもつ負の作用を指摘し，教師の長時間労働の課題に真正面から向き合った。

　2016 年度に文部科学省が公立の小中学校を対象に実施した教員勤務実態調査によると，「教諭」における平日 1 日あたりの勤務時間（平均）は，小学校が 11 時間 15 分，中学校が 11 時間 32 分に達した（教員勤務実態調査〔平成 28 年度〕）。2006 年度と比べると，小学校では 43 分，中学校で 32 分の増加となった。厚生労働省が定める「過労死ライン」（時間外労働が月 80 時間以上）を超える教師は，小学校で 33.5%，中学校では 57.6% を占めていた。しかもその長時間労働のなかで平日の休憩時間数は，小学校が 3 分，中学校が 4 分と，ほぼノンストップ労働であった。学級担任をもつ教諭に限ってみてみると，勤務時間はさらに増えて，小学校が 11 時間 27 分，中学校が 11 時間 50 分で，うち休憩時間は逆にさらに減って，小

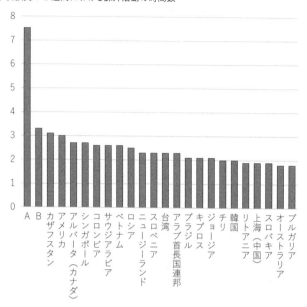

図 9-1 中学校教員の 1 週間における課外活動の時間数

縦軸目盛り: 0, 1, 2, 3, 4, 5, 6, 7, 8

横軸ラベル(左から): A, B, カザフスタン, アメリカ, アルバータ（カナダ）, シンガポール, コロンビア, サウジアラビア, ベトナム, ロシア, ニュージーランド, スロベニア, 台湾, アラブ首長国連邦, ブラジル, キプロス, ジョージア, チリ, 韓国, リトアニア, 上海（中国）, スロバキア, オーストラリア, ブルガリア

（出所）　経済協力開発機構（OECD）が 2018 年に実施した「国際教員指導環境調査」（TALIS）

学校が 1 分，中学校が 2 分であった。

　今津孝次郎は教育にかかわる説明様式を「教育言説」とよび，その特質を「教育に関する一定のまとまりをもった論述で，聖性が付与されて人々を幻惑させる力をもち，教育に関する認識や価値判断の基本枠組みとなり，実践の動機づけや指針として機能する」（今津・樋田編 2010：9）と規定した。特に「聖性」については，それが宗教教義のような性格をもち，批判的な議論をタブーにして，教育

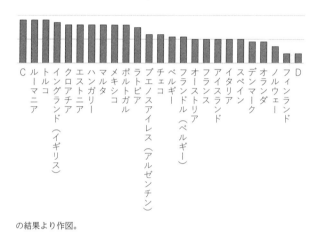

C ルーマニア ルーマニア トルコ イングランド（イギリス） クロアチア エストニア ハンガリー マルタ メキシコ ポルトガル ラトビア ブエノスアイレス（アルゼンチン） チェコ ベルギー フランドル（ベルギー） オーストリア フランス アイスランド イタリア スペイン デンマーク オランダ ノルウェー フィンランド D

の結果より作図。

実践を方向づけると指摘した。

　この意味において，「子どものため」とは典型的な「教育言説」の１つである。「子どものため」には聖性が付与されていて，それに抗することを困難にする。その崇高な使命感は，期せずして業務の肥大化を招き，教師は疲弊していく。学校の長時間労働を，悪質な奴隷労働であると単純にみなしてはならない。もちろん，むりやりに働かされている側面もあるものの，その働き方は学校内部の教

師文化によって支えられてもいる。

▷ 何でも屋による感情労働

　2020年春，新型コロナウイルス感染症の拡大にともない，日本では学校が全国的に一斉休校となった。このとき再確認された学校教育の重大な機能とは，子どもが大人（教員）に見守られているということである。かつて城丸章夫が「学校が福祉施設の一種として，とりわけ，子ども預かり所としての特質をもつ」（城丸 1973）と述べたように，学校という場は「福祉」的な側面を多分に有している。授業をはじめとする各種活動の以前に，そもそも子どもが大人の庇護のもとで，日中を安全に過ごすことができる。それはけっして低学年の子どもの庇護だけにとどまらない。放課後や土日に，学校が部活動を通して生徒を抱え込んでいる状況も，学校外のともすれば非合法的な活動や集団に生徒が巻き込まれないようにしていると考えれば，学校は教員という合法的で正当な管理者を置いて，年齢の大小を問わず保護者から子どもを預かっているとみなすこともできる。

　神林寿幸によると，1950年代以降の公立小中学校の教員の勤務実態を分析したところ，事務処理の時間にはほとんど変化はなかったものの，子どもと直接にかかわるような生徒指導をはじめとする教育活動の時間が増大してきたという（神林 2017）。酒井朗は，学校教育で用いられる「指導」という言葉から，長時間労働を支える学校文化を読み解く。アメリカの教師が多用する teach や instruct では，特定の知識やスキルが想定されていて（分数を teach する，作文の書き方を instruct するなど），そこには教師の役割が教授者としての側面に限定されていることがわかる。ところが，日本の教師が多

用する「指導」とは，学習のみにとどまらない。進路指導，生活指導，清掃指導，給食指導，部活動指導など，多岐にわたる。「指導」という言葉は，学校内のあらゆる営みを教育的に意味づけ，教師の本来業務にあたるものと認識させている。この指導の文化が長時間労働の現状を支えている（酒井 1998）。

教員の労働においては心的な負荷も小さくない。たとえ，業務量過多であっても，また保護者らからクレームが届いたとしても，子どもの前では笑顔で教職を遂行しなければならない。E. ゴッフマンは，日常生活過程における人々の相互作用を「ドラマトゥルギー」（劇作術）の視点から分析する。そこでは，自己は，舞台に立つ役者であり，そして他者を観客として，その視線を感じつつ自分の外見や行動を規制することを通じて，自分自身についての情報を操作し，他者に呈示している（ゴッフマン 1974）。

ゴッフマンのドラマトゥルギーに「感情」の視点を組み入れたのが，A. R. ホックシールドである。ホックシールドによれば，ゴッフマンのドラマトゥルギーから感情を扱うとき，それは外見を状況適合的に操作しようとする演技，すなわち「表層行為」のレベルにとどまるという。感じていることを隠したり，また感じてもいないことを感じているような振りをしたりする演技は，表面的な次元での行為である。そこでもう1つの演技としてホックシールドが見出すのは，状況適合的な自己呈示のために感情を自発的に働かせようとする演技，すなわち「深層行為」のレベルである（ホックシールド 2000）。たとえば，パーティーで楽しくもないのに作り笑いをして楽しそうな気分を呈示してその場をやり過ごすのは「表層行為」であり，自分の子どもをかわいく思えないにもかかわらずその感情を抑圧し，かわいいという気持ちを内から強引に誘発しようと

するのが「深層行為」となる。まさに「子どものため」に尽くすことを是とする教職という仕事においては，「深層行為」という奥深い次元での**感情管理**★が要請され，それが心的な負荷をいっそう高めることにつながりうる。

▷ 聖職者としての教師像

　教師という仕事の特質はこれまで主に，聖職者論／労働者論／専門職論として整理されてきた。聖職者論とは，教職を神から与えられた天職とみなして，ひたすら献身的に崇高な職務を遂行する態度を指す。平日の夜も，土日も，学校や自宅で業務をこなしつづける。お金や時間に関係なく尽力する姿は，まさに聖職者そのものである。この「献身的教師像」（久冨 1998）のなかに，教師としての**アイデンティティ**★が見出される。その対極にあるのが労働者論である。労働者論とは，日本教職員組合が 1952 年に「教師の倫理綱領」を発表した際に，「教師は労働者である」と提唱したことを端緒に広がった。人間として教師も自身の生活を充実させることが目指され，聖職者論とは対立する見方である。

　教育界には古くから，「聖職者」に徹しない者を揶揄する言葉がある。「サラリーマン教師」という呼び名で，献身的に子どもに接するのではなく，時間やお金に厳しくそして不払い労働は好まないタイプを指す。**Q9.2** の答えは，**a** である。

　1959 年の「教師はサラリーマンか」と見出しが付された記事（『朝日新聞』1959 年 8 月 19 日付）では，教育学者の大田堯（当時，東京大学助教授）の発言として，「サラリーマン教師」あるいは「教師のサラリーマン化」に対する危機意識が表明されている。すなわち，サラリーマン教師は「賃金労働者としての自覚をもたらす面もある

コラム 16　時間管理なき長時間労働　　2016 年度に文部科学省が実施した教員勤務実態調査によると，学校の勤怠管理の方法は，出勤については「出勤簿への押印」と「報告や点呼，目視などにより管理職が確認」が約 8 割を占めていて，ICT やタイムカードなどの機器を用いた客観性の高い記録方法をとっている小中学校は 2 割程度にとどまっていた。退勤も同様で，小中学校いずれも約 6 割が「報告や点呼，目視などにより管理職が確認」であった。

　学校の働き方は，「時間管理なき長時間労働」と表現することができる。時間管理がなされないがゆえに，過重労働の現実が可視化されず，マネジメントが発動しない。その背景の 1 つに，「給特法」がある。公立校の教員に適用される法律で，正式名称は「公立の義務教育諸学校等の教育職員の給与等に関する特別措置法」である。1971 年に制定され，1972 年に施行された。

　給特法は，教職の「特殊性」を根拠に，「超勤四項目」とよばれる一部の業務（校外実習などの実習，修学旅行などの学校行事，職員会議，非常災害等を指す）を除いて，原則として時間外勤務を命じないとされている。それが結果的に，定時を超えた業務を「自発的な業務」とみなし，正式な時間外労働としての取り扱いを阻むこととなった。今日の公立校における教員の残業とは，I. イリイチのいう「シャドウワーク」（賃金労働を補完する不払いの労働）としての性格を帯びている（イリイチ 2006）。

が，多くは『あたえられた勤務時間を，あたえられた仕事の習慣的反復によって過し，残った時間を小市民として，比較的孤立した家庭生活に安住を求めるという生活態度をとっている』」。教師であるからには，「地域で社会教育にも積極的に参加しなければならない」のであり，「保護家庭の調査から青年学級，婦人学級，レクリエーションの会への参加など，大きな役割をもっている」。教師は賃金

労働者として振る舞っていてはならない。学校内の活動のみならず，学校外の活動（社会教育）にもみずから積極的に加わることで，教師としての力量を高めていく。「"サラリーマン教師"から，教師の主体性は生れてこない」という。

聖職者論と労働者論が対立的な関係にある一方，その対立を乗り越えるものとして新たな角度から教職を性格づけたのが教師の専門職論である。専門職論は，1966 年の ILO（国際労働機関）とユネスコによる「教員の地位に関する勧告」の影響を強く受けた見方で，そこには「教育の仕事は専門職とみなされるべきである」と明記されている。教職とは，専門的な知識と特別な技術を要し，それは長期的な研鑽をもって獲得され維持されるものと考えられる。

専門職論は，今日においても教師の資質・能力向上を求める動きに連動して活発に議論されている。一方でかつて 1988 年に永井聖二が指摘した専門職論の負の側面は，働き方改革を推進するうえで今日において重要な示唆にとんでいる。永井によると，教師が専門職者集団として集団的自律性を獲得しようとすると，そこには閉鎖的な自治組織が生まれ，またそれは防衛的な姿勢をともない変革への内的動機づけを欠くことになるという（永井 1988）。教師集団が特別な専門家集団としてみずからを位置づけようとするとき，学校という空間は教職としての特別な論理が支配する治外法権の場にもなりかねない。

2 「自主的な活動」の魅力と魔力

部活動の過熱

　教員の長時間労働のなかでも，とりわけ問題視されているのが，部活動である。国が1955年から2001年の間に実施した複数の調査を整理した中澤篤史によると，中学校や高校の運動部活動の活動日数は，増減を経ながらも週4日前後から週5日～6日に増加してきた。「現代は，多くの生徒が多くの日数にわたり活動している時代」（中澤 2014：99）である。

　文部科学省の2016年度の教員勤務実態調査によると，2006年度と比較して小中学校の各種業務のなかで突出して労働時間が増加したものが，中学校の土日における「部活動・クラブ活動」で，1日あたりで63分もの増加が確認された。またOECDの調査によると，2018年時点で加盟国等48の国・地域のなかで，日本はとりわけ中学校の「課外活動」の時間が長く，調査参加国・地域の週平均が1.9時間であったのに対して，日本は7.5時間と最長であった。**Q9.1** の答えは **a** である（なお図9-1のB, C, Dは，それぞれ，南アフリカ，イスラエル，スウェーデンである）。

　学校教育における部活動の位置づけは，「教育課程外」と言い表される。「教育課程」というのは，**学習指導要領**★などを踏まえたうえで，「学校教育の目的や目標を達成するために，教育の内容を子供の心身の発達に応じ，授業時数との関連において総合的に組織した学校の教育計画」（中央教育審議会・初等中等教育分科会資料「教育課程企画特別部会　論点整理」）を指し，その編成主体は学校にある。

そして学校教育法施行規則の第72条において，中学校の教育課程は「国語，社会，数学，理科，音楽，美術，保健体育，技術・家庭及び外国語の各教科」と「道徳，総合的な学習の時間並びに特別活動」によって編成するものとされている。ここに「部活動」の文言は見当たらない。

　各種教科や行事は「教育課程」に含まれる一方で，部活動は「教育課程外」である。中学校や高校の学習指導要領（中学校は2017年改訂，高校は2018年改訂）には，「学校教育の一環」ではあるものの「生徒の自主的，自発的な参加により行われる」ものであり「教育課程外」と定められている。学校で行われる活動であるけれども，教育課程外の自主的な活動とされるこの中途半端な位置づけが，部活動の管理を困難にしている。

▷　Twitterにおける部活動改革の声

　教員における部活動の負担は，特にTwitter上で拡散された。学校の外にあるTwitterという匿名空間が改革の舞台となったことは，ポストモダン的な現象として説明できる。

　ポストモダンあるいはハイ・モダニティ（ギデンズ1993），第二の近代（ベック1998）と複数の呼称があるものの，いずれにおいても近代社会の行く末を示すキー概念の1つとして「個人化」がある。近代社会においては，産業化が進むなかで，まず伝統的な共同体から個人が解放される。だが正確には，個人は丸裸で解き放たれたのではなく，家族，学校，企業，組合，国家といった中間集団に所属することになる。

　近代社会では，伝統的共同体から個人が抽出されて，その個人は新たな近代型の居場所に身を置くことになった。A.ギデンズの言

葉を用いれば，伝統的共同体から「脱埋め込み化」されて，近代の中間集団に「再埋め込み化」されることになった（ギデンズ 1993）。

　そして，**グローバル化★**が進んだポストモダン／ハイ・モダニティ／第二の近代において個人は，中間集団から抽出（脱埋め込み化）され，ついに所属なき丸裸の個人として世界に向き合うことになる。これまで人々は中間集団に所属し，世界につながるとしてもそれは中間集団を介してつながっていた。たとえば「英語を勉強したい」のであれば，学校間の留学協定に頼る必要があった。ところが今日においては，中間集団のお膳立てはもはや不要である。自宅にいながらインターネットを介して，オンラインの英会話サービスが活用できるし，究極には自分で英語が話せるだれかを探し出してもよい。語学力を高めるということであれば，それで十分である。

　教師の働き方改革の隆盛は，Twitter による学校外における匿名の情報発信とそこでのゆるい紐帯によって生じた。中間集団に頼らずにその枠を超えたところで，匿名で丸裸の個々人がゆるく連携しながら，改革が進んできた。Q9.3 の答えは d である。学校の働き方改革の訴えは，すぐれてポストモダン型の展開をたどってきたといえる。

　中間集団というのは集合的な力によって，個々人の自由を制約してきた。ポストモダンの時代は，それらが解体される。丸裸の個々の教師は，学校という束縛から解き放たれて，無限に広がる匿名空間で「学校がシンドイ」と情報発信できるようになった。

　ただし，中間集団は，個人にとってリスクの防波堤となっていたことを忘れてはならない。自由を制約されながら，個人は中間集団に安住してきた。学校は教師を守ってもくれた。だが中間集団がその影響力を失うということはつまり，いまやリスクが個人に直接降

りかかってくるということでもある（ベック 1998）。

　Twitter 上で声をあげているのは，学校の代表でも，教職員組合の代表でもない。ただの一個人である。リスクを背負って闘う個々の教師たちを，いったいだれが支えてくれるのか。学校を要件としない，インターネットを介した新しい対話の危険性と可能性が広がっている。

3 学校化社会

▷ 規律訓練型の行動様式

　近代の学校教育空間は，M. フーコーが描いた**規律訓練***型のパノプティコン（一望監視施設）にたとえられる（フーコー 1977）。パノプティコンにおいては，囚人は中央の監視塔から監視されつづける。囚人は，日常の細部に至るまで行動が規制され拘束される。厳格な校則とはまさに，監視塔にいる教師の力によって運用されている。生徒の服装や行動は教師による監視のもとで日々チェックされ，改善を迫られている。

　そして監視されつづけた結果，囚人は監視塔からのまなざしを自分の内面に取り込むことになる。規律訓練型の世界では，自発的に服従する主体が，自身の行為を自ら律することで，身体が管理される。こうして監視は，「内面化」されていく。

　生徒や教員における部活動の過重負担や，教員の長時間労働は，規律訓練型の枠組みで十分に分析できる代表例である。たとえば，部活動では，生徒の身体に対する厳しい指導（負荷の大きいトレーニングに毎日たくさん従事する）が課される。これは顧問から生徒に対

してだけではなく，顧問のまなざしを内面化した生徒集団のなかでも，先輩から後輩へと課されていく。また，教師において部活動の指導は，当然の業務とみなされてきた。遅くまで残って仕事をすることが「熱心な」先生と称賛され，その空気は教師集団全体をみずから長時間労働に追いやっていく。

　学校教育において注目すべきなのは，ポストモダンの社会学理論が着目しているような，最先端の科学技術がもたらすリスクではない。社会学者のU. ベックは，原子力発電所の事故の分析から，制御不可能なリスクは，中間集団を超えて個々人に直接降りかかってくると主張した（ベック 1998）。しかしそうした流行の議論は残念ながら，学校管理下において長らく蓄積してきた類のリスクを対象としていない。規律訓練型の世界では，自発的に服従する主体が，自身の行為を自ら律することで，身体が管理される。パノプティコンのたとえが，いまも通用する。

　新しい現象を主軸に展開する社会学の議論は，この時代に起きている古い問題を取りこぼしかねない。近代学校教育は，規律訓練型を軸に成立・発展してきた。そして学校教育には，いまもなお**規範★**の内面化を担う装置——私たちはそのはたらきかけを「教育」あるいは「指導」とよんでいる——であることが期待されている。だからこそ，「教育」は今日においても十分な存在意義と正当性をもっているのである。

▷　学校的価値の浸透

　社会科学の領域には，「**学校化★社会**」という言葉がある。かつてI. イリイチは名著『脱学校の社会』（イリッチ 1977）において，学校で教師から受動的に教え込まれる学びのあり方が定着し，それ

が制度に組み込まれた社会を「学校化社会」とよび，批判的に考察した。また宮台真司は，偏差値重視の学校的価値が社会の隅々にまで浸透した社会をそうよんだ（宮台・藤井 1998）。いずれも，学校の価値観が社会で支配的な位置を占めていることに対する危機感から生まれた言葉である。

また，「学校化社会」に類する用語に「教育万能主義」がある。これは，2000 年代前後の「キレる少年」の議論から生まれた語で，学校や家庭が子どもを「教育できる」（＝管理できる，コントロールできる）という暗黙の理解の拡がりを問題視する。広田照幸は，当時話題となっていた青少年の犯罪について，それを学校や家庭による意図的なコントロールの失敗とみなす姿勢に着目する。そこで「すべては教育（の失敗）によって生み出される，それゆえ，すべての問題は教育（の成功）によって解決しうる」（広田 2003：219）という考え方を「教育万能主義」とよんだ。大人の側が子どもの成育過程を全面的にコントロールできる（つまり，青少年の犯罪はそのコントロールの失敗に起因する）という暗黙のコンセンサスが，学校と家庭への帰責を増大させているという。

「学校化社会」とは，学校が影響を与える側で，学校外の市民（保護者，地域住民）はその影響を受ける側である。しかしながら，たとえば部活動における子どもの活躍に保護者や地域住民の熱が入るように，学校的価値の維持・強化には，「学校→市民」のベクトルだけではなく，「市民→学校」のベクトルの影響も強いと考えられる。市民が学校化して学校の内と外が同じ価値観を共有したときに，「学校→市民」と「市民→学校」の両側面から学校的価値が維持・強化されていく。「学校化社会」と「教育万能主義」の組み合わせからは，社会全体における学校教育への依存の高まりと，その

コラム17　校則と地域社会　　規律訓練型を象徴する1つに，学校の校則がある。その校則とは字義どおりにとれば，「学校の規則」であるが，実際のところ学校外の時空間においても，越権的に学校の規則が適用されることがある。家族旅行であっても事前に学校の承認が必要であったり，友人宅での外泊を禁止したり，夏休み期間中のお祭り会場に教師がパトロールと称してやって来たりと，保護者の管理下にあるはずの子どもの自由時間に，学校が当然であるかのように介入してくる。

　地域によっては，「4時禁」という校則がある。これは「4時まで外出禁止」の略称で，学校が午前中で終わって子どもが帰宅した際に，午後4時までは家から出てはならないというルールである。学校の門を出てしまえば，子どもがどのような行動をとろうと自由である。まして帰宅後ともなれば，そこでの行動を制約する権限は，学校にはない。

　ところが実際には，学校の授業が早く終わって生徒がたとえば友達とフードコートに居座っていると，それを見た店員や地域住民が，学校に苦情の電話をかけてくる。そして，教師がフードコートまで足を運んでお詫びをする。校門を出た時点で生徒は保護者に返されたはずなのだが，謝りに行くのは教師である。そこに保護者の姿はない。このように学校に子どもの生活面の指導をまるごとゆだねようという意識が，学校側の越権行為を生み出している。

結果として肥大化した学校の業務が浮かび上がってくる。

　武井哲郎は，「開かれた学校」のあり方を問うなかで，保護者や地域住民が学校に参画する際には，「意思決定への参加」と「教育活動への参加」の2類型があるとしたうえで，前者についてはその功罪が明らかにされてきた一方で，後者については積極的に評価する声がほとんどであると指摘する（武井 2017）。言い換えるなら

ば，外部からの「教育活動への参加」は，それだけで何かが豊かになるのだという発想がある。だが「学校化社会」の現況を踏まえるならば，外部の参画や外部に委ねることを無条件に肯定して受け入れるわけにはいかない。学校は，私たちの社会，そして私たち自身の根幹を成している。それゆえに，不断の批判的検討が不可欠である。

*** *Exercise*　演習問題 ///

　教師の側が「子どものため」にと，過剰に教育サービスをおこなっている例を考え出してみよう。

///

*** *Book guide*　読書案内 ***

・中澤篤史，2014，『運動部活動の戦後と現在 —— なぜスポーツは学校教育に結び付けられるのか』青弓社

　　ていねいで緻密な分析により，部活動の歴史から今日の実情までを明らかにした作品。とりわけ部活動の歴史は，ほとんど知られてこなかっただけに読み応えがある。部活動研究においては，必読書の1つといえる。

・中澤渉，2021，『学校の役割ってなんだろう』筑摩書房

　　教育社会学の視点から，学校の役割や機能がわかりやすく整理されている。第1章で教員の長時間労働問題がとりあげられており，今日的な問題意識のもとで学校教育と社会との関係性が明らかにされている。

・E. ゴッフマン，2001，『スティグマの社会学 —— 烙印を押されたアイデンティティ』（石黒毅訳）せりか書房

　　人々の相互作用を演技の観点から分析する「ドラマトゥルギー」の手法で知られるゴッフマンの代表的著作。ネガティブにとらえられがちな社会的属性をもった人たちが，日常の相互作用場面において，いかにその社会的属性の操作（隠蔽を含む）に腐心しているのかが具体的に描写されている。

Bibliography 参考文献

今津孝次郎・樋田大二郎編，2010，『続・教育言説をどう読むか——教育を語ることばから教育を問いなおす』新曜社。

イリイチ，I.，2006，『シャドウ・ワーク——生活のあり方を問う』（玉野井芳郎・栗原彬訳）岩波書店。

イリッチ，I.，1977，『脱学校の社会』（東洋・小澤周三訳）東京創元社。

神林寿幸，2017，『公立小・中学校教員の業務負担』大学教育出版。

ギデンズ，A.，1993，『近代とはいかなる時代か？——モダニティの帰結』（松尾精文・小幡正敏訳）而立書房。

ゴッフマン，E.，1974，『行為と演技——日常生活における自己呈示』（石黒毅訳）誠信書房。

酒井朗，1998，「多忙問題をめぐる教師文化の今日的様相」志水宏吉編『教育のエスノグラフィー——学校現場のいま』嵯峨野書院。

城丸章夫，1973，「学校とはなにか」『教育』23（9）：6-15。

武井哲郎，2017，『「開かれた学校」の功罪——ボランティアの参入と子どもの排除／包摂』明石書店。

永井聖二，1988，「教師専門職論再考——学校組織と教師文化の特性との関連から」『教育社会学研究』43：45-55。

中澤篤史，2014，『運動部活動の戦後と現在——なぜスポーツは学校教育に結び付けられるのか』青弓社。

久冨善之，1998，「教師の生活・文化・意識——献身的教師像の組み換えに寄せて」佐伯胖ほか編『教師像の再構築』岩波書店。

広田照幸，2003，『教育には何ができないか——教育神話の解体と再生の試み』春秋社。

フーコー，M.，1977，『監獄の誕生——監視と処罰』（田村俶訳）新曜社。

ベック，U.，1998，『危険社会——新しい近代への道』（東廉・伊藤美登里訳）法政大学出版局。

ホックシールド，A. R.，2000，『管理される心——感情が商品になるとき』（石川准・室伏亜希訳）世界思想社。

宮台真司・藤井誠二，1998，『学校的日常を生きぬけ——死なず殺さず殺されず』教育史料出版会。

第IV部

マイノリティから問う
教育と社会

Chapter

10　マイノリティの子どもの排除と包摂
11　移民の子どもの多様な学びの場
12　ともにつくる教育と社会へ

Introduction

　皆さんはマイノリティと聞いて，どのような言葉やイメージを思い浮かべるだろうか。思いついた言葉を書きとめてみよう。

　マイノリティを少数者，数の上で少ない人たち，と書いた人も多いのではないだろうか。もちろんそのようにとらえることもあるが，第Ⅳ部では数の問題ではなく，社会において劣位に置かれて，排除されたり，差別を受けたり，権利を奪われたりする人たちのことを指す言葉と理解する。たとえば，ジェンダーの視点で見ると，日本では男性のほうが女性よりも大学や大学院進学率が高く，その格差は社会に出てからの雇用や賃金にも影響している。そうした意味で，女性はマイノリティともいえる。また，外国籍の子どもは，義務教育の対象になっておらず，日本人生徒と比較すると高校進学率が低く，高校中退率も高くなっており，進学や職業への移行においても劣位に置かれている。

　一方で，マジョリティとは多数派というよりも，権力をもち，優勢な立場にあり，社会における規範や「普通」をつくる人々を指す。たとえば，健常者は障害者よりも，日本人は外国人よりも，教育や労働などさまざまな面で有利な立場にあるだろう。マジョリティがつくる社会や教育によって，マイノリティは資源やネットワーク，教育機会などへのアクセスが制限されており，周辺化され，排除されているともいえるだろう。

　ここでは，暫定的にマイノリティとマジョリティの定義をしているが，それ自体が本質をもったものではなく，社会の中でつくりだされたものである。私たちは，ある属性ではマイノリティ，

別の属性ではマジョリティというように，マジョリティ性とマイノリティ性の両面をもっており，また簡単に二分することのできない場合もあるだろう。時代や場所によっても，それらは入れ替わり，流動的なものである。社会構造に視点を向けると，性差別や外国人差別など，差別構造は複雑に絡み合いながら，個人や集団の経験に影響を与えている。

　このように単純化してとらえることはできない概念であるが，教育社会学では，貧困や障害，エスニシティ，ジェンダー，セクシュアリティなどの視点から，なぜ，どのようにマイノリティの子ども・若者が教育と社会から排除されてきたのかを研究してきた（羽田野 2018）。また，子ども・若者への教育支援の内実やあり方についても議論されてきた。マイノリティから教育と社会を問うことで，何が見えてくるのだろうか。

　第Ⅳ部では，マイノリティの視点から，教育と社会を問い直していく。特に，多様性が尊重され，包摂的な教育と社会とはどのようなものか，皆さんと考えていく。**第 10 章**では，多様性・公正・包摂性をキーワードとして，マイノリティの子どもの排除と包摂，マジョリティの特権について考えていく。**第 11 章**では，マイノリティの子ども・若者の生活世界に意識を向け，特に移民の子ども・若者を事例として，学校以外の多様な学びの場や居場所の意義を考え，学校中心的な視点を相対化する。**第 12 章**では，マイノリティの子ども・若者へのまなざしを問い直し，マイノリティとともにつくる教育と社会について考える。

マイノリティの子どもの排除と包摂

Quiz クイズ

Q10.1 1 学級（35 人）におよそ何人のセクシュアル・マイノリティの子どもがいるだろうか。
a. 1 人　**b.** 3 人　**c.** 5 人

Q10.2 文部科学省（2012）の調査によると，小学校・中学校では，1 学級（35 人）におよそ何人の発達障害の可能性がある子どもがいるだろうか。
a. 0 人　**b.** 1 人　**c.** 2 人

Q10.3 文部科学省（2022）の調査によると，公立学校における「日本語指導が必要な児童生徒」は，2010 年から 2021 年の間で約何倍になったか。
a. 変わらない　**b.** 1.7 倍　**c.** 2.7 倍

Answer クイズの答え

Q10.1　b

電通ダイバーシティ・ラボの「LGBTQ＋調査 2020」では，日本の LGBTQ＋（レズビアン〈L〉，ゲイ〈G〉，バイセクシュアル〈B〉，トランスジェンダー〈T〉，クエスチョニング〈Q〉，多様なセクシュアリティ〈＋〉の略称）の割合は 8.9％ であった。これをもとに算出すると，1 学級に約 3 人のセクシュアル・マイノリティの子どもがいると想定される。

Q10.2　c

文部科学省の 2012 年の調査によると，小学校・中学校の通常学級において発達障害の可能性のある子どもの割合は約 6.5％ であり，1 学級におよそ 2 人いることが想定される。

Q10.3　b

文部科学省の「日本語指導が必要な児童生徒の受入状況等に関する調査（令和 3 年度）」によると，「日本語指導が必要な児童生徒」（「1. 日本語で日常会話が十分にできない者」「2. 日常会話はできても，学年相当の学習言語が不足し，学習活動への参加に支障が生じている者」）の数は，5 万 8307 人であった。2010 年度の 3 万 4007 人から約 1.7 倍に増加した。

Chapter structure　本章の構成

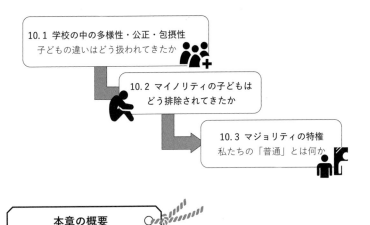

10.1 学校の中の多様性・公正・包摂性
　子どもの違いはどう扱われてきたか

10.2 マイノリティの子どもは
　どう排除されてきたか

10.3 マジョリティの特権
　私たちの「普通」とは何か

本章の概要

　本章では，マイノリティ／マジョリティの視点から，教育の「普通」や「当たり前」を問い直していく。第1節では，多様性・公正・包摂性をキーワードとして，マイノリティの子どもの教育について考える。第2節ではマイノリティの子どもがどう排除・抑圧されてきたのかを検討し，交差性の概念をもとにマイノリティの子どもの不可視化される困難性について考察する。第3節ではマジョリティの特権について理解を深めていく。

1 学校の中の多様性・公正・包摂性

▷ **子どもの違いはどう扱われるか**

　皆さんの小学校や中学校のときに所属していた学級には，どのような背景や特性をもつ子どもたちがいただろうか。学校の中に障害のある子どもが学ぶ特別支援学級があり，ときどき給食や行事などを通して交流する機会があったかもしれない。あるいは学級で一緒に学んでおり，その子どもは文書を読んだり書いたりすることに困難をもつため，特別の学習支援を受けていたかもしれない。フィリピンやネパール出身の移民の子どもが転入してきて，言葉が通じず戸惑った経験がある人もいるかもしれない。日本語教室で日本語や教科の指導を受けたり，あるいは学級に通訳の人が来て支援していた場合もあるだろう。自分自身もクラスメイトとは異なる事情を抱えていて，特別な支援を受けていたかもしれない。いまふりかえってみると，上であげた例以外にもトランスジェンダー（身体的性別と自分が認識する性別が異なる人），貧困家庭の子どもなど，私たちが通ってきた学校には多様な背景や特性，ニーズをもつ子どもたちがいたことに気づくだろう。一般的に日本の学校は同質性が高いと思われがちだが，実は学校はさまざまな違いをもつ子どもたちが集い，学び合う場である。

　それではこのような子どもたちの違いは，学校の中でどのように扱われているのだろうか。日本の学校や教師は，子どもの生まれや家庭背景，特性などによって生じる違いを見ようとせず，すべての子どもを同様に扱う傾向があるといわれている。生徒に対して**特別**

扱いしない学校文化や教師については，移民の子どもや同和地区出身の子ども，貧困家庭の子どもを対象とした研究でも描かれている（志水・清水編 2001；盛満 2011）。たとえば，経済的に困難を抱えている生徒の不利が目立たないように，金銭的な援助をするなど，献身的な対応をする教師もいる（盛満 2011）。しかし教師が個別に配慮し，社会の問題ではなく個人の問題としてとらえてしまうために，貧困問題が不可視化されてきたともいえる。また，移民の子どもの学校経験に目を向けると，**同化圧力**が強い学校において，文化や言語の違いが目立たなくなるよう，日本語力を高め，学校文化に適応しようとする子どもも多い。学校側も，移民の子どもの日常生活言語が身につく（コミュニケーションがとれるようになる）と，特別扱いは必要ないと認識し，日本語指導などの支援をなくす場合もある。

　このように子どもたちの違い，特にネガティブに理解されがちな属性や事情に基づいて支援することに慎重な学校があるなかで，子どもたちのニーズを可視化して，受け入れる「子どもにやさしい学校」（乾・中村編 2009）もある。乾・中村は，虐待，障害，移民，ひとり親家庭など特別な事情をもつ子どもにやさしく，マイノリティの子どもを取り囲む子どもがやさしくなれる学校のあり方を考察している。「子どもにやさしい学校」を増やしていくうえで，どのような概念や視点が参考になるだろうか。

　ここで紹介したいのは，**平等**（equality）と**公正**（equity）の概念である。上で紹介した特別扱いしない実践や画一的な指導というアプローチは，平等の概念に基づくものである。つまり，子ども1人ひとりが異なるニーズをもっていながらも，すべての子どもを同様に扱い，同じ資源を提供することである。一方で，公正の概念に基づくアプローチは，子ども1人ひとりの異なるニーズに配慮し，

図 10-1　平等と公正

個や集団に応じた支援を行うことである。たとえば，読み書きに困難を抱える学習障害のある子どもの場合を考えてみる。板書を書き写すことが苦手な子どもには，カメラでの撮影を許可し，作文を書くことが困難な子どもには，録音機を使って話してもらう。試験の際は，解答を文字で書くのではなく，口頭で答えてもらう。このような特性に合った配慮を行うことで，学習障害のある子どもは学びを深めることができるだろう。

　図 10-1 からわかるように，この 2 つの概念には，同じ資源をすべての子どもに配分するのか（平等），あるいは，子どものニーズに合わせて異なる資源を配分するのか（公正）の違いがあることがわかる。

　貧困家庭出身，移民の背景をもつ場合，障害のある場合など，不利な状況に置かれているマイノリティの子どもたちは，より多くの資源が必要となるだろう。

▷ 多様性・社会的公正の教育

　教育社会学では，上記の公正の概念をキーワードとして，マイノリティの子どもの教育保障を実現すべくさまざまな研究がなされてきた。たとえば，障害のある子どもについては，**インクルーシブ教育★**，被差別部落の教育については同和教育や人権教育，移民の子どもの教育については**多文化教育★**や多文化共生の教育などがあげられる。このようにマイノリティ集団ごとに研究が発展してきた経緯があるが，ここではそれらを包み込むアプローチとして多様性・社会的公正の教育の可能性について考えていきたい。

　近年，世界的に人種差別や人権問題が取りざたされ，国内でも企業や大学，政府・自治体などにおいて，女性や外国人，LGBTQ＋の登用をはじめとして多様性と包摂性（diversity & inclusion：D＆I）の推進が奨励されている。**多様性**（diversity）とは，ジェンダー，階層，生まれ，学歴，国籍，言語，**人種★**，エスニシティ，障害，性的指向・性自認，地域などに関する個人レベルや集団レベルの違いを表す。教育においても，多様性と包摂性を推進し，SDGs でも宣言された「誰ひとり取り残さない」社会を目指すべく，さまざまな議論が展開されている。多様性については，近年になって多様なニーズを有する子どもが増えていると思われがちだが，日本の学校は実態としてすでに多様性があり，多様な背景や特性，ニーズをもつ子どもが学んできた場であった。上で述べたように，学校において子どもの多様性があっても，同化圧力が強く働き，子どもたちの違いが肯定的に認められにくい傾向があったといえる。D＆I が奨励される時代的背景のなかで，改めて多様性の価値を認識し，尊重していくことが求められているだろう。

　しかし，多様性を尊重するだけでは，マイノリティの子どもの教

育は保障されない。岩渕（2021）は，肯定的なイメージのある多様性を奨励することで，権力構造や不平等な関係性が不可視化される危険性を指摘し，D＆Iを推進する動きを批判的にとらえる重要性を指摘する。ここで重要になるのが，集団間の権力関係，不平等な社会構造などに光を当てる，**社会的公正**（social justice）の概念である。社会的公正とは，「権力や資源をより公平に分配し，あらゆる人が尊厳や自己決定権を持って，心身ともに安全に暮らせる方向を模索するもの」である（グッドマン 2017：5）。すべての人が社会に十分に参加できるよう，不平等な構造や制度・政策を問題視し，組み替えることが目指される。

　公正の視点からマイノリティの教育を保障する重要性について先述したが，限られた資源を誰にどの程度配分するかという発想だけでは不十分である。なぜなら，私たちは不平等な社会構造や制度に身を置いており，特にマイノリティにとって不利に働く構造的・制度的障壁（障壁は人間によってつくられたもの）が存在するからである。

　図10-2を見てみよう。学校の運動場で50メートル走を行うのに，子どもたち4人がスタート地点につき，まもなく走り出すところである。しかし，障害物があるレーンと，障害物がないレーンがあり，レーンによって障害物の数も形も異なっている。経済的に厳しい移民家庭出身のリュウさんは，走り始めてすぐに，幾重にも続く異なる壁に直面し，時には衝突し立ち止まったり，戻ったりしながら，前を目指していかなければならない。一方で，経済的に恵まれた家庭出身の鈴木さんは，前に1つも障害物がなく，あっという間にゴールにたどりつくであろう。このトラックを社会と置き換えてみると，同じようなことがいえる。特にマイノリティの子どもたちには，マジョリティには見えにくい障壁が複層的に存在して

図 10-2　障害物競走から考える不平等な社会

おり，制度を生き抜くのが難しい状況に置かれている。社会的公正の視点からは，資源や機会へのアクセスを妨げる障壁を取り除き，制度や構造を変えていく重要性が浮かび上がる。

　不平等な社会のもととなる構造的・制度的障壁をどのように取り除き，すべての子どもたちが参加できる教育と社会をつくっていくことができるのか，考えてみよう。

2　マイノリティの子どもはどう排除されてきたか

▷　マイノリティの排除と包摂

　これまで見てきたように，現代の日本では格差が拡大し，不平等の問題が顕在化している。特に 1990 年代のバブル崩壊以降，失業

や非正規雇用が増加するなかで，子どもの貧困をはじめ，教育と社会から排除されるマイノリティの子どもたちの教育課題が議論されるようになってきた。教育社会学では，貧困という経済的な状況を表す言葉を拡張するものとして，**社会的排除**（social exclusion）の概念が取り入れられ，教育問題が議論されてきた。社会的排除は，1980 年代に西欧諸国で用いられるようになった概念であり，人々が住宅，健康，教育，職業，政治など，さまざまな場面における社会参加から排除されるプロセスに光をあてる（阿部 2011；倉石 2018）。たとえば，公立学校における日本語指導が必要な生徒の高校中退率は，全高校生の約 5.5 倍（全高校生：1.0%，日本語指導が必要な高校生：5.5%）になっている（文部科学省 2022）。高校に入学しても，当該生徒への日本語指導や教科指導，キャリア教育などが不十分であり，活用できる資源やネットワークが不足するなかで，教育機会が十分に保障されていない状況がある。高校を中退してしまうと，就職することも難しくなり，人や組織との関係性からも切り離され，社会の周縁に押しとどめられてしまう可能性が高い。マジョリティである日本人生徒のためにつくられている教育制度や学校が，移民生徒のニーズに十分に対応できておらず，生徒たちが教育と労働から排除される構造がある。

　社会的排除の対概念として，**社会的包摂**（social inclusion），つまりすべての人々が社会の一員として包摂されることが重視され，社会政策の理念としても位置づけられてきた。マイノリティの子どもには，「人が他者とつながり，お互いの存在価値を認め，そこに居るのが当然であると認められた場所」（阿部 2011：95）はあるのか。どのように複数の包摂される社会をつくることができるのか，考えてみよう。

上述の社会的排除は，主に政策的・制度的次元の概念として議論されてきたが，関連して，多様性・社会的公正の教育のキーワードでもある**抑圧**（oppression）の概念について考えていく。抑圧とは，不正義を生み出し，維持する力を指す。抑圧は，構造レベル，制度レベル，個人レベルで起こり，社会的不平等を生み出すダイナミクスを理解する手立てとなる（Adams 2018：5）。マイノリティの子どもは，構造・制度レベルの抑圧状況のなかを生きており，個人レベルの日常的な差別を経験している。図10-3は，D. J. グッドマンが作成したアメリカにおける「様々な抑圧」の図を参照し，日本の文脈に合うように作成したものである。ジェンダーや障害など社会的に構築された社会的カテゴリーの観点から，抑圧の種類と，マジョリティとマイノリティの関係性を整理している。

図では，マジョリティとマイノリティとを分けて記してあるが，もちろん二分することはできず，どれほど周辺化されているのか，権力をもっているのかは人によって異なり，グラデーションで考えたほうがよいだろう。個人レベルで見ると，たとえば，経済的に厳しい家庭で生まれ育っていても，教育達成や職業達成を通じて，ミドルクラスになるかもしれない。また，性的アイデンティティのマイノリティとして，レズビアン，ゲイ，バイセクシュアル，クイア／クエスチョニング（LGBQ）を一括りにしているが，これらの分類にあてはまらない人もいるだろうし，マイノリティ集団内でより周辺化されている人もいるだろう。

それぞれの抑圧がどのように働き，差別の軸がどのように関連するのか，その多様性や複雑性を理解することが重要である。私たちは，複数の社会的アイデンティティをもっているため，どの社会的

図 10-3 多様な抑圧

多様な抑圧	マジョリティ	マイノリティ
性差別	男性 ◆―――――――▶	女性ほか
外国人差別	日本人 ◆―――――――▶	外国人
異性愛主義	異性愛者 ◆―――――――▶	レズビアン，ゲイ，バイセクシュアル，クイア／クエスチョニング（LGBQ）ほか
トランスジェンダーへの差別	シスジェンダー ◆―――――――▶	トランスジェンダーほか
障害者差別	健常者 ◆―――――――▶	障害者
階級差別	上流階級，中産階級 ◆―――――――▶	労働者階級，貧困層
子ども差別	大人 ◆―――――――▶	子ども

（出所）　グッドマン（2017：10）を参照して作成。

カテゴリーの視点を用いるかによって，マジョリティにもマイノリティにもなりうる。男性としてマジョリティであっても，労働者階級出身であれば，階級差別を経験するかもしれない。大人がより権力をもつ社会では，子どもはマイノリティであり，なかでも移民の子ども，LGBTQ＋の子ども，障害のある子どもなどは，二重のマイノリティとしてより困難を抱えやすいだろう。

　この図を参考にすると，皆さんが多様な抑圧構造のどのあたりに位置づけられるのかが可視化されるだろう。

▷ 不可視化される困難性 —— 交差性

　ここでは，女性の運動やフェミニズムのなかで生まれてきた**交差性**（intersectionality）という概念を使い，抑圧構造の複雑性に目を向けてみる。**図 10-3** で紹介した抑圧の種類は，別々に存在するのではなく，人種差別と性差別が交わっていたり，異性愛主義とトランスジェンダーへの差別が絡み合ったりしている。K. クレン

図 10-4 性差別と外国人差別の交差点

（出所）クレンショー（2016）を参考に作成。

ショー（2016）は，交差点のメタファーを用いて，アメリカの黒人女性は性差別と人種差別の交通が行き交う交差点に位置しており，彼女たちが経験する特有の差別構造を理解する必要性を述べている。

　日本の事例を考えてみよう。たとえば，中学生の女子は，隠れたカリキュラムなどを通じて，男性優位の規範やジェンダーステレオタイプを身につけ，進路形成や教育達成が制限されていることが指摘されてきた。しかし，同じ女子であっても，移民家庭出身の女子は，学校内外で外国人に向けられるネガティブなまなざしや，出身国へのステレオタイプの見方なども組み合わさり，「外国人女子」として固有の差別を経験するだろう。それ以外にも，階層や年齢などさまざまな要素が影響し，特に性差別と外国人差別がかけ合わさることで，進路形成を困難にしているともいえる（図 10-4）。

　以上のように，交差性とは，階層，人種，ジェンダー，性自認・

性的指向，障害，年齢などさまざまな要素が重なり合い，かけ合わされることで生み出される，固有で複雑な差別構造を理解する概念である。女子の教育経験としてはとらえられてこなかった「外国人女子」の困難，あるいは，移民の教育経験では認識されてこなかった「発達障害のある外国人」の困難など，これまで不可視化されてきた抑圧状況に光を当て，特有の課題を解きほぐし，解決に導くツールとしても可能性をもつ。交差性は，研究のための分析の視点だけではなく，人々の**エンパワメント**★や公正な社会をつくるためのツールでもあり，近年日本でも着目されている（コリンズ・ビルゲ 2021）。

3　マジョリティの特権
「普通」を相対化する

　ここまで主にマイノリティの子どもの教育に焦点化して説明してきたが，本節では社会でより権力をもつマジョリティについての理解を深めていく。教育社会学では，社会的弱者へのまなざしをもつ研究が蓄積されてきたが，マジョリティを理解する視点や概念はそれほど多くはない。マジョリティの価値や規範によって教育と社会の「普通」がつくられ，マイノリティが排除されやすい仕組みが形成されているのであれば，マジョリティの「普通」を可視化していくことも求められている。

　その際に，多様性・社会的公正の教育において重要な概念である，**特権**（privilege）が参考になる。特権とは，「マジョリティ集団の一員であることで，労せずして得た優位性」（グッドマン 2017：26）の

コラム18　わたしの特権について考える

　次の5つの項目について，当てはまるものにチェックをつけてみよう。

- □ 1. 私は経済的理由で大学進学に迷ったことはなかった。
- □ 2. テレビをつけたり，インターネットでニュースを見るとき，自分と同じ国籍の人々が頻繁に登場している。
- □ 3. 国会議員の中には自分と同じ性別の人が多くいる。
- □ 4. 私が発言すると，私の意見は他の人と同じように尊重される。
- □ 5. はじめて訪れる施設であっても，建物の中を移動できるかなど心配することはない。

　いくつにチェックを入れたか。実はこのリストは，皆さんがもつ特権を可視化しようとするものだ。5つすべてに該当した人は，比較的恵まれた立場にいる。経済的な理由で大学進学を諦めることはなく，自分と同じ言語や文化をもつ人々に囲まれ，同じ性別の人が国のリーダーになっており，自分の属性（人種，ジェンダー，セクシュアリティなど）を理由に能力が低いとみなされず，身体的な移動の限定性もない。

　特権をもつ人は，自らの優位性が当たり前であり，誰かの犠牲によって恩恵を享受していることに気づくことは少ない。特権は，教育を受けるなかの「追い風」ともいえるだろう。差別・抑圧構造を可視化するためにも，特権に気づくことが重要である。なかには，マイノリティの人々の権利を支持し，社会的公正を目指して主体的に行動する**アライ**（ally）になる人もいるかもしれない。

ことである。**図10-3**で示したマジョリティ側にいる人は，自分たちにとって有利につくられた社会や教育の恩恵を享受することができる。白人特権について提唱したP.マッキントッシュは，白人の特権とは，食糧，地図，パスポート，ビザ，道具，小切手などの

入った「目に見えない，重さのないナップサック」のようなもので
ある（McIntosh 1988：2）という。ここで重要なのは，マジョリ
ティにとって有利な法制度や仕組み，規範，アクセスしやすい資源
やネットワークがあることに，マジョリティはなかなか気づくこと
ができないということである。マジョリティは制度的な優位性があ
ることに無自覚なまま，抑圧を維持してしまう危険性がある（グッ
ドマン 2017）。

　例で考えてみよう。異性愛の人は，友人や家族に好きな人がいる
ことを伝え，将来その人と家族をつくることも自由に想像できるか
もしれない。しかし，同性愛の人は，パートナーについて周囲の人
に話すことも勇気がいることで，同性婚が法律上認められていない
日本では，国内で同性パートナーと結婚することもできない。パー
トナーとの関係を自由に語ることができ，まわりから祝福されるこ
と自体が特権なのである。

　マイノリティがいかに教育から排除されてきたのかだけでなく，
マジョリティがいかに労せずに教育を受けることができたのか，と
いうことに意識を向けることも重要である。自身がもつ特権に気づ
き，この社会を構成する一員として，より公正で包摂的な教育と社
会づくりにかかわっていきたい。

✐ Exercise　演習問題

　「日本人」の特権として，どのようなものがあるか，具体例をあげながら論じ
てみよう。そのうえで，なぜ特権を可視化することが重要か，考えてみよう。

Book guide　読書案内

・日本教育社会学会編，2015，『教育社会学研究』96 集（特集：教育における排除と包摂）東洋館出版社
　　学校に行かない子ども，高校中退，貧困層の女性など多様な事例をもとに，「教育における排除と包摂」について学べる。
・D. J. グッドマン，2017，『真のダイバーシティをめざして —— 特権に無自覚なマジョリティのための社会的公正教育』（出口真紀子監訳・田辺希久子訳）上智大学出版
　　多様性・社会的公正の教育で重視されているマジョリティの特権について，理論や実践方法を深く学べる。
・P. H. コリンズ・S. ビルゲ，2021，『インターセクショナリティ』（小原理乃訳・下地ローレンス吉孝監訳）人文書院
　　交差性の概念の特徴や生まれてきた経緯，現代的な事例の考察がなされ，読み応えのある翻訳書。交差性が実践や運動を強調している点も興味深い。

Bibliography　参考文献

日本語文献

阿部彩，2011，『弱者の居場所がない社会——貧困・格差と社会的包摂』講談社。

乾美紀・中村安秀編，2009，『子どもにやさしい学校——インクルーシブ教育をめざして』ミネルヴァ書房。

岩渕功一，2021，『多様性との対話——ダイバーシティ推進が見えなくするもの』青弓社。

グッドマン，D. J.，2017，『真のダイバーシティをめざして——特権に無自覚なマジョリティのための社会的公正教育』（出口真紀子監訳・田辺希久子訳）上智大学出版。

倉石一郎，2018，『包摂と排除の教育学——マイノリティ研究から教育福祉社会史へ［増補新版］』生活書院。

クレンショー，K.，2016，「インターセクショナリティの緊急性」TED Women（https://www.ted.com/talks/kimberle_crenshaw_the_urgency_of_intersectionality?language=ja）

コリンズ，P. H.・S. ビルゲ，2021，『インターセクショナリティ』（小原理

　　乃訳・下地ローレンス吉孝監訳）人文書院。

志水宏吉・清水睦美編，2001，『ニューカマーと教育——学校文化とエスニシティの葛藤をめぐって』明石書店。

電通ダイバーシティ・ラボ「電通，『LGBTQ＋調査2020』を実施」（https://www.dentsu.co.jp/news/release/2021/0408-010364.html）

羽田野真帆，2018，「マイノリティから見た学校空間」吉田武男監修／飯田浩之・岡本智周編『教育社会学』ミネルヴァ書房。

盛満弥生，2011，「学校における貧困の表れとその不可視化 —— 生活保護世帯出身生徒の学校生活を事例に」『教育社会学研究』88：273-294。

文部科学省，2012，「通常の学級に在籍する発達障害の可能性のある特別な教育的支援を必要とする児童生徒に関する調査」（https://www.mext.go.jp/a_menu/shotou/tokubetu/material/__icsFiles/afieldfile/2012/12/10/1328729_01.pdf）

文部科学省，2022，「日本語指導が必要な児童生徒の受入状況等に関する調査結果について」（https://www.mext.go.jp/content/20221017-mxt_kyokoku-000025305_02.pdf）

外国語文献

Adams, M., 2018, "Gettingstarted: Core Concepts for Social Justice Education Introduction," in M. Adams et al. (eds.), *Readings for Diversity and Social Justice* (4th edition), Routledge.

McIntosh, P., 1988, *White Privilege and Male Privilege: A Personal Account of Coming to See Correspondences Through Work in Women's Studies*, Wellesley Centers for Women.

移民の子どもの多様な学びの場

第 **11** 章 Chapter

Quiz クイズ

Q11.1 在留外国人統計（法務省 2021）から，2020 年 12 月末時点の 18 歳以下の外国籍の子どもの数を国籍別に多い順に並べてみよう。
a. ①韓国　②ベトナム　③中国
b. ①アメリカ　②フィリピン　③ネパール
c. ①中国　②ブラジル　③フィリピン

Q11.2 2019 年に全国の 13 歳〜29 歳を対象に行った調査（内閣府 2021）によると，「家庭」「学校」「自分の部屋」「インターネット空間」「地域」「職場」の 6 つの場について，「『居場所』（ほっとできる場所，居心地のよい場所など）になっている」と回答した人の割合はどのくらいだろうか。割合が高い順に並べてみよう。
a. ①自分の部屋　②家庭　③インターネット空間
b. ①学校　②家庭　③インターネット空間
c. ①家庭　②自分の部屋　③地域

Q11.3 総務省の『令和 3 年版情報通信白書』によると，2020 年の 13〜19 歳のソーシャルネットワーキングサービス（SNS）の利用率は，約何パーセントか。
a. 56%　**b.** 76%　**c.** 86%

Answer クイズの答え

Q11.1　c

2020 年 12 月末時点で 18 歳以下の外国籍者数は 29 万 8864 人であった。特にアジア出身の子どもが多く，国籍別で多い順に見ると中国，ブラジル，フィリピン，韓国，ベトナムである。上位 5 か国で 7 割以上を占めている。

Q11.2　a

割合が高い順番に「自分の部屋」85.3％，「家庭」75.6％，「インターネット空間」56.6％ であった。「地域」53.3％，「学校」48.1％，「職場」35.1％ を上回った。学校や職場よりも，インターネット空間のほうが居心地のよい空間だと感じていることがわかる。

Q11.3　c

2020 年の 13〜19 歳のソーシャルネットワーキングサービスの利用率は 86.1％ である。子ども・若者のコミュニケーションにおいて，スマホをはじめ，新しいメディアが果たす役割は大きくなっている。

Chapter structure 本章の構成

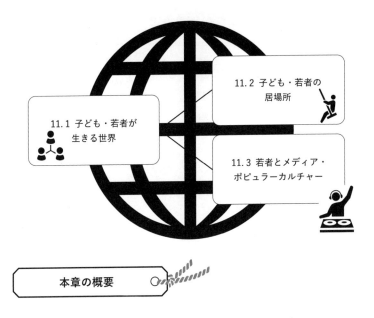

11.1 子ども・若者が
生きる世界

11.2 子ども・若者の
居場所

11.3 若者とメディア・
ポピュラーカルチャー

本章の概要

　本章では，マイノリティの子ども・若者の視点に接近し，特に移民の子どもを事例として，かれらが生きる世界を理解することの重要性，なかでも家庭や学校の外にある学びの場や居場所の意義について考えていく。子どもたちが差別や排除の対象になりやすい学校の外につくり出す多様な学びの場や居場所の機能を検討し，教育を広い視点からとらえなおしていく。当事者の視点に接近することで，そこから見えてくる教育と社会について考える。

1　子ども・若者が生きる世界

▷　**多文化化する日本と移民の子ども**

　皆さんが暮らす地域には，異なる文化や言語をもつ住民はどのぐらいいるだろうか。小中学校時代に一緒に遊んだ友人のなかに，一方の親が外国人で，もう一方の親が日本人といういわゆる「ハーフ」や，学校では日本語，家族とは母語を使い分ける子どもなどがいたのではないか。皆さんの身近なところに多様な文化的・言語的背景をもつ子どもや家族が生活しており，改めて日本社会が多文化化していることに気づくだろう。

　実は日本には，戦前から植民地支配していた朝鮮半島や台湾，中国などから日本に渡り居住してきた「オールドカマー」とよばれる人々とその子孫がいる。特に，戦後もさまざまな事情から日本で生活することになった在日コリアンは，長い間，在留外国人の大部分を占めていた。「オールドカマー」と対比して，1970年代後半以降に流入してきた外国人は「ニューカマー」とよばれる。特に1989年の出入国管理及び難民認定法（入管法）の改正とともに，ブラジルやペルーからの日系人をはじめとして，国際結婚や留学生，技能実習生などさまざまな経緯で来日する人々が急増した。人口減少と少子高齢化が加速するなかで，2019年4月には外国人労働者の受け入れを拡大する改正入管法が施行され，多文化共生や日本語教育に関する法律や施策が講じられるなど，移民の子ども・家族を取り巻く状況も大きく変化している（詳細は永吉 2020を参照）。

　公立学校に在籍する外国籍の児童生徒の数を見てみると，2011

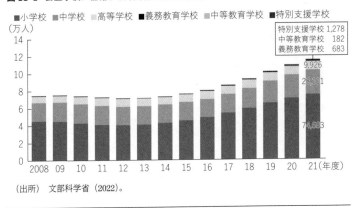

図 11-1 公立学校に在籍する外国籍の児童生徒数

■小学校 ■中学校 ■高等学校 ■義務教育学校 ■中等教育学校 ■特別支援学校

特別支援学校	1,278
中等教育学校	182
義務教育学校	683

（万人）

9,926
28,101
74,683

2008 09 10 11 12 13 14 15 16 17 18 19 20 21（年度）

（出所）文部科学省（2022）。

年は 7 万 2512 人だったのが，2021 年には 11 万 4853 人となり，約
1.6 倍増加したことがわかる。特に小学校段階の生徒の増加が顕著
である（図 11-1）。

　どちらかの親が日本人である国際結婚家庭や帰化した家庭で育つ
日本国籍をもつ子どもを含めると，この数字はさらに大きくなる。
移民の子どもは，国籍，出身国，言語，在留資格，宗教，年齢，階
層，教育歴，来日歴，居住地，家族構成など実に多様であり，移民
として一括りに語ることはできない。第 10 章で紹介した交差性（イ
ンターセクショナリティ）の視点から，多様なアイデンティティや社
会構造の重なり合いをていねいに読み解いていくことが求められる。

子どもの視点と生活世界

　教育社会学では，移民の子どもを含めてマイノリティの子どもが
なぜ，どのように教育と社会から排除されてきたかを考察してきた
（→第 10 章）。子どもの学びを阻害する社会構造や教育制度の問題を

明らかにすることも重要であるが，抑圧状況ばかりに着目してしまうと，子どもがどのように社会構造の中を生き，生活世界をつくりだしているのかが見えにくくなってしまう。そこで参考になるのが，子ども研究の重要概念でもある**エイジェンシー**（行為主体性）である。エイジェンシーとは，子どもを受動的存在としてではなく，能動的な行為者としてとらえる概念である。子どもは，大人の付随物ではなく，資源やネットワークが限られていても，自らそれらにアクセスし，環境に働きかけることができると見る。近年では，子どもは生まれながらにエイジェンシーをもっているという見方ではなく，エイジェンシーは人間や人間以外のアクターとのネットワークのなかで生み出され，分配されるものととらえられるようになってきた（Esser et al. 2016）。構造かエイジェンシーか，大人か子どもかなどの二項対立の考え方に陥らず，子どもを関係性や文脈のなかで見ていく重要性がいわれている（元森 2020）。

　子どものエイジェンシーに着目すると，子どもが日常生活のなかでつくる多様な学びの場が浮かび上がってくる。学びの場は，学校だけでなく，家庭，地域の施設，ストリート，遊び場，ネット空間などに無数に広がっている。特に移民の子どもは，一国内だけではなく，出身国と居住国であるホスト社会など複数の国や地域をまたがって，**トランスナショナルな社会空間**（transnational social fields）（Basch et al. 1994）を生きている。たとえば，出身国との往来をくり返したり，海外の友人や家族・親戚などとオンライン上で日常的にコミュニケーションをとったり，国内外の情報を瞬時に入手している。家族とのやりとりを通して，出身国の文化や言語を学んだり，あるいは，言語の仲介者（language broker）（Orellana 2003）としてホスト社会の言語と母語の間の通訳や翻訳を担っている。

コラム19 アメリカで移民の高校生のフィールドワークをする

　どのような方法をとれば，マイノリティの子どもの生活世界に接近することができるだろうか。特に移民の子どものようにアクセスしにくく，かれらの「声」を聴く機会が少ない場合はどうだろうか。人類学や社会学では，自らの経験を通して，他者の世界を内側から理解することを目指す方法として，**フィールドワーク**が行われてきた。フィールドワーカーは，人々が生活する場に参加し，五感を使い，よく聴き，よく観察する（この調査法のことを**参与観察**とよぶ）。そして，現場の人々と関係性をつくりながら，他者の世界の理解を深めていく。

　筆者は，大学院生だった 2010 年代前半に，アメリカ東海岸の大都市の郊外にある公立高校で，ベトナム系・フィリピン系・インド系・中国系の女子生徒たちのフィールドワークを行った。アメリカ社会では，アジア系アメリカ人は「モデル・マイノリティ」とよばれ，優秀であり成功した集団というステレオタイプを経験している。特にアジア系の女性は，人種差別と性差別が交差する形で抑圧されており（→**第 10 章**），先行研究も彼女たちがいかに抑圧されているかを描くものが多い。そのようななかで，筆者は，彼女たちのエイジェンシーに着目し，彼女たちがどのように日常生活の中でホーム／居場所をつくりだしているのかを考察した。

　筆者は，近年ヒスパニック系など移民が多く流入する地域において，貧困層のアジア系アメリカ人の子どもの教育支援を担う NPOのボランティアとして，高校での放課後プログラムに参加し，彼女たちと出会った。当時，アメリカで J-pop やアニメ・漫画が大流行しており，筆者は日本から来た留学生として親しみをもたれ，日本での生活や文化を共有したり，日本語を教えたり，少しずつ関係性を築いていった。最初は高校の空き教室で行われる NPO のプログラムのなかでの参与観察であったが，彼女たちとかかわるなかで当初予想もしていなかった多様な場やコミュニティの存在がわかり，フィールドを広げていった。たとえば，彼女たちは高校の地下の廊下で多文化・多言語の背景をもつ仲間たちと集う「地下グルー

プ」をつくり，「地下を占拠しているんだ！」と誇りをもって語っていた。また地域社会では，漫画を好きなだけ読める公立図書館の漫画コーナーやアジア系のかわいいグッズが売られているショッピングモールを居場所としていた。スマホからつなぐ，世界中の「嵐」のファンと交流するオンライン上のコミュニティもあった。彼女たちとたくさんの時間を過ごし，生活に密着することで，彼女たちが複数の居心地よくいられる場を創出している様子がわかり，そこでの経験や意味づけを文脈に位置づけながら考察した。そしてフィールドワークの成果を**エスノグラフィー**（民族誌）としてまとめた（Tokunaga 2018）。また，**ポジショナリティ**★の視点から，彼女たちとの間の権力関係をどう交渉し，どう関係性をつくってきたのかなど，フィールドワークを行ううえでの葛藤やジレンマなどについても考察を重ねてきた（徳永 2021）。

　教育社会学でも，2000年ごろから，多くの教育フィールドワーク研究が生み出されている。間山ほか（2018）のレビュー論文も参照しながら，フィールドワーク研究に触れてみよう。

　これらの多様な場を移動しながら，家族，学校の教職員・児童生徒，友人や恋人，地域住民，アルバイト先の仲間，ネットで出会った若者，エスニックコミュニティの同胞，出身国の知り合いなど，さまざまな他者と関係性を紡ぎながら生活している。

2　子ども・若者の居場所

▷　マイノリティと居場所

　皆さんは，過去の自分を振り返って，「居場所がない」とか，「居心地が悪い」と感じたことはあるだろうか。引っ越しをして遊び場

が変わったとき，新しい学校に入学したとき，クラス替えをしたとき，SNS のコミュニティで意見の食い違いがあったとき，さまざまな場面が思い出されるのではないだろうか。

　居場所は日常用語でもあるが，1980 年代以降，不登校の子どもの居場所づくりの文脈で使われるようになり，今日では教育学や社会学，心理学など幅広い分野で居場所の研究や実践が蓄積されている。ここでは居場所を「子ども自身がホッと安心できる，心が落ち着ける，そこに居る他者から受容され，肯定されていると実感できるような」（住田 2003：5）場として理解したい。住田正樹は，子どもの居場所の構成軸として，①主観的条件：子どもがその場所を居場所として意味づけできること，②客観的条件：他者との関係性が形成されている物理的な空間があること，を提唱する（住田 2003）。居場所は心理的側面だけでなく，場や環境にも意識を向けることが重要である。

　移民，障害者，LGBTQ＋など多様なマイノリティの子ども・若者にとって，居場所はさらに重要な意味をもつ。なぜなら，社会はマジョリティの価値や規範に基づいてつくられており，マイノリティは社会への同化や適応を迫られ，居場所が限定されているためである。社会的排除が進むなかで，かれらは居場所さえも奪われ，いることすらできない，社会での存在が認められなくなることもある（阿部 2011）。第 10 章で紹介したように，学校は特にマジョリティの規範が強く働く場であり，さまざまな属性や特性をもつ子どもにとって居場所にはなりにくい。マイノリティの子どもが，社会や大人のまなざしや意図から自由になり，自己承認できる場を確保することは容易ではない。

　そのようななかで，地域で大人が子ども・若者の居場所づくりに

取り組む実践が多く見られる。南出（2015）はそれらの実践を，(1) 不登校・引きこもり支援の場，(2) 当事者間の支え合いや学び合いを支援する活動の場，(3) 子ども・若者による空間づくりを目指す遊び場・社会活動の場，(4) 地域における「第三の場所」に分類している。そのうえで，「メンバーの範疇」と「活動の度合い」の軸によって，①メンバーが限定されていて安らぐことのできる「安心の場」，②メンバーが流動的で開かれた「自由な場」，③メンバーが自由で活動がなされている「創造の場」，④メンバーが限定的で目的のために活動する「参画の場」に分けている（南出 2015）。居場所づくりの実践が多岐にわたるなか，大人のまなざしや意図に基づく居場所づくりになっていないか，子ども・若者の「参画」の視点に基づいたものになっているのかなど，批判的な議論もなされている（田中・萩原編 2012）。

▷ 移民の子どものフォーマルな学びの場

ここでは，移民の子どもの学びの場について考えていく。移民の子どもにとって，学校は社会と出会う場であり，かれらのよりよい生を保障するうえでも，学校教育が果たす役割は大きい。しかし，外国籍の子どもは，法制度上義務教育への就学義務がなく，教育を受ける権利が十分に保障されていない。国際人権規約等も踏まえて，「恩恵」として日本人と同一の教育を受ける機会が提供されているにとどまるため，十分な公的な保障がなされていない。そのような法制度上の限界があるものの，SDGs（→コラム 8）をはじめとして国際的にすべての子どもの教育保障の重要性がいわれるなかで，今後さらに外国籍の子どもを包摂しうる学校教育の支援体制づくりが求められている。

と同時に，公的な枠組みの外で展開されている，移民の子どもの多様な学びの場に目を向けることも重要である。移民をはじめマイノリティの子どもにとっては，マジョリティの規範が強く働く学校教育の外でアイデンティティ形成，自己承認，エンパワメント，文化保障などが行われてきた。ここでは，「正規」の学校外に広がる，①移民の子どものフォーマルな（目的があり，意図的に組織された）学びの場，②インフォーマルな（日常生活や経験を通した）学びの場に分けて，紹介する。便宜上2つに分類しているが，非正規教育や準定型的教育として**ノンフォーマル教育★**とよばれる教育もある（丸山・太田編 2013）。

　フォーマルな場として，朝鮮学校や中華学校，ブラジル学校などの民族学校や，インターナショナルスクールなど，外国人学校とよばれる学校で学ぶ子どもたちがいる。外国人学校の多くが学校教育基本法第1条で掲げられている「1条校」ではなく，法制度上「正規」の学校として認められていないため，支援や助成を受けられず，不利な状況に置かれている場合が多い。しかし，日本の学校では学ぶことのできない母語・母文化（継承語）を習得し，**アイデンティティ★**を形成し，トランスナショナルな進路選択を保障するなど重要な役割を果たしている（志水ほか編 2014）。

　また，地域には，NPO・NGO・ボランティアなどによる学習支援教室や日本語教室があり，学校での学びを補完する形で，日本語や教科の支援，高校受験の対策などを実施している。当事者の子どもたちが主導し展開する活動（清水・すたんどばいみー編 2009）や，演劇や音楽など自己表現活動を通して子どもの**エンパワメント★**に取り組む実践もある（落合 2012）。学校とは異なり，これらの場には，移民の子どもの経験や文化を尊重し，固有のニーズを理解する

支援者や仲間たちがおり，子どもが自己を承認し，自己肯定感を高められる居場所ともなっている。しかし，どの子どもも平等にアクセスできるわけではなく，外国人集住地域か散在地域かなど，地域によって団体の数や活動内容に差があることも念頭に置く必要があるだろう（詳細は額賀・芝野・三浦編 2019 を参照）。地域によって資源やネットワークの差があるなかで，行政，学校，地域など多様なアクターが連携することで，移民の子どもの学びを保障する取り組みも見られる。

<hr />

移民の子どものインフォーマルな学びの場

このように組織された場とは異なり，移民の子どもが家庭や学校，地域を移動するなかで，日常生活の隙間につくりだす居場所も重要な意味をもつ。たとえば，高校生たちが学校の帰りに駅前でブレイクダンスを練習したり，子どもたちが放課後に公園で遊んだり，若者がファストフード店をたまり場として集まる様子を想像できるだろう。これらの場は，アメリカの都市社会学者の R. オルデンバーグが提唱した**サードプレイス**（第三の場所），つまり「定期的で自発的でインフォーマルな，お楽しみの集いのために場を提供する，さまざまな公共の場所」（オルデンバーグ 2013：59）ともいえるかもしれない。公共空間は，子どもの学びの場として認識されることは少ないが，子どもがさまざまな人と出会い，**仲間集団**（アドラー・アドラー 2017）と時間を過ごし，アイデンティティを形成する重要な場でもある。特に移民の子どもにとって，学校ではマジョリティのルールや規範に従う必要があるが，これらの場では仲間とともに複数の文化や言語を共有し，自分らしくいられる居場所にもなりうる。もちろん公共空間は大人の監視や差別・排除から自由な場ではない

ことも認識する必要がある。教育社会学において，マイノリティの子どもにとってインフォーマルな場の機能や意義，そこから映し出される学校や社会の特質などについて，より多くの研究が求められている。

3　若者とメディア・ポピュラーカルチャー

▷　若者とソーシャルメディア

　皆さんは SNS 上で出会った仲間とオンラインで交流をし，居心地のよさを感じたことはあるだろうか。対面で会ったことのない人と日常的にオンラインゲームや SNS でやりとりをすることはあるだろうか。YouTube でお気に入りの動画を見て，訪れたことのない国に強い憧れをもち，留学や移住を夢見たことはあるだろうか。子ども・若者の多様な学びの場は，前節で紹介した物理的な空間だけでなく，オンライン空間や想像上にも存在する。

　ここで着目したいのが，メディアの働きである。メディア研究者の D. ボイドによると，2000 年代前半から発展した SNS や動画共有サイト，ブログなどを総称する**ソーシャルメディア**は，若者のライフラインとなり，かれらがつながり続けることを可能とする新しい公共空間ともなっている（ボイド 2014：38）。しばしば大人は**パターナリズム**のまなざしから，若者のネット利用を心配し，制限しようとする（→第12章）。その視点に批判を向けるボイドは，アメリカの若者のソーシャルメディアの利用をフィールドワークし，若者がオンライン上にも横たわる不平等やいじめなどの問題と対峙しながら，能動的・創造的にメディア実践を展開する様子を描いてい

る。ほかにも，メディアを研究する文化人類学者の伊藤瑞子をはじめ，エスノグラフィックなアプローチから，子ども・若者をメディアの受動的な受信者としてみなすのではなく，かれらが能動的にメディアとかかわる様子を文脈に位置づけながら考察する質的研究が増えている（Ito et al. 2009）。

冒頭の **Q11.3** で紹介したように，国内でも 10 代のソーシャルメディアの利用率は極めて高く，ソーシャルメディアは，コミュニケーションを含め，若者の日常生活のメインストリームとなっている。メディアと学校の関係性が強くないこともあり，教育社会学ではメディアは中心的な研究テーマとして扱われてこなかった（山田 2018）。今後，メディアエスノグラフィーなどを通して，子ども・若者のメディア実践やメディア利用の実態把握が求められている。

▷ 移民の若者とメディア・ポピュラーカルチャー

メディアは，複数の国や文化をまたがって生きる子ども・若者にとって，より重要な役割をもつ。かれらは，メディアやポピュラーカルチャーを資源とし，**アイデンティティ***を形成し，オンラインや想像上に居場所を創出している。

文化人類学者の **A. アパデュライ**は，電子メディアの発展にともない，情報や映像，イメージが国境を瞬時に越えることで，一度も訪れたことのない国で生活したり，働くことを想像することを可能にしているという。そして，メディアによって強化される想像力は，逃避や空想のためではなく，行動にも結びつく「社会的実践」であると指摘する（アパデュライ 2004）。このメディアの働きは，人々の移住を生み出すことにもつながる。

藤田結子は，アーティストになることを目指して，東京から

ニューヨークやロンドンに移住した日本人の若者のフィールドワークを行い，電子メディアが国際移動やアイデンティティの形成に与える影響について検討している（藤田 2008）。藤田が「文化移民」とよぶ若者たちは，渡米・渡英前にアメリカやイギリスのテレビ番組や映画を視聴するなかで，レイシズムや差別のない「想像の欧米／西洋」を形成する。しかし，多くの若者が理想化されたイメージと移住後に経験した現実とのギャップに直面し，より日本への愛着を強め，日本人アイデンティティを強化していく。

移民の若者の生活世界のなかでポピュラーカルチャーが果たす役割は大きい。一般的に若者が日常的に消費する音楽や動画，ドラマや映画，アニメや漫画などは，遊びや余暇活動として認識され，それらの意義が考察されることは少ない。しかし，特に社会から周辺化された若者は，身近にあるポピュラーカルチャーを資源化し，能動的に消費・生産することで，アイデンティティを形成し，居場所をつくることも指摘されている。最近では移民の若者のヒップホップ実践に着目し，ヒップホップがマイノリティの若者のニーズや懸念を表現する手段となっており，学校外で自己やコミュニティを形成しているとする研究もある（Dimitriadis 2009）。たとえば S. マイラは，インド系アメリカ人2世の若者たちが親の出身国であるインドと生まれ育ったアメリカの文化のはざまで葛藤しながらも，両方の文化を混ぜ合わせたバングラリミックス音楽やハイブリッドのファッションをつくりだし，複層的なアイデンティティを形成する様子を描いている（Maira 2002）。

本節で紹介した質的研究のように，子ども・若者のメディア実践をていねいに調査し，若者の生活においてメディアやポピュラーカルチャーがどのような役割をもつのかについて考察を深めることが

求められている。

Exercise 演習問題

　皆さんやまわりの人はどのようなポピュラーカルチャーを消費しているだろうか。皆さんの友人や知り合いに，お気に入りの動画やドラマ，マンガ，アニメ，音楽について，どのような実践や意味づけをしているのかインタビューしてみよう。アイデンティティや居場所，エンパワメントなど本章で紹介した概念も参考にし，ポピュラーカルチャーがどのような働きや意義をもつのかについても考察しよう。

Book guide 読書案内

・額賀美紗子・芝野淳一・三浦綾希子編，2019，『移民から教育を考える —— 子どもたちをとりまくグローバル時代の課題』ナカニシヤ出版
　　教育学や社会学を専門とする若手研究者によって編まれた，移民の子ども・若者の教育を体系的に学べる教科書である。
・D. ボイド，2014，『つながりっぱなしの日常を生きる —— ソーシャルメディアが若者にもたらしたもの』（野中モモ訳）草思社
　　アメリカで育つ10代の若者へのフィールドワークをもとに，若者たちの視点からメディア実践について描かれている。
・P. A. アドラー・P. アドラー，2017，『ピア・パワー —— 子どもの仲間集団の社会学』（住田正樹監訳）九州大学出版会
　　親であり研究者である夫妻が，エスノグラフィーの手法を用いて小学校の子どもたちの日常世界に迫り，仲間文化を生き生きと描写している。

Bibliography 参考文献

日本語文献
　アドラー，P. A.・P. アドラー，2017，『ピア・パワー——子どもの仲間集団の社会学』（住田正樹監訳）九州大学出版会。

アパデュライ，A.，2004，『さまよえる近代——グローバル化の文化研究』（門田健一訳）平凡社。

阿部彩，2011，『弱者の居場所がない社会——貧困・格差と社会的包摂』講談社。

落合知子，2012，『外国人市民がもたらす異文化間リテラシー——NPO と学校，子どもたちの育ちゆく現場から』現代人文社。

オルデンバーグ，R.，2013，『サードプレイス——コミュニティの核になる「とびきり居心地よい場所」』（忠平美幸訳）みすず書房。

志水宏吉・中島智子・鍛治致編，2014，『日本の外国人学校——トランスナショナリティをめぐる教育政策の課題』明石書店。

清水睦美・すたんどばいみー編，2009，『いちょう団地発！ 外国人の子どもたちの挑戦』岩波書店。

住田正樹，2003，「子どもたちの『居場所』と対人的世界」住田正樹・南博文編『子どもたちの「居場所」と対人的世界の現在』九州大学出版会。

総務省，2021，『令和 3 年版情報通信白書』(https://www.soumu.go.jp/johotsusintokei/whitepaper/ja/r03/pdf/index.html)

田中治彦・萩原建次郎編，2012，『若者の居場所と参加——ユースワークが築く新たな社会』東洋館出版社。

徳永智子，2021，「『わたし』との協働的な『日本』の再想像／創造の試み——越境する女性たちをめぐるマルチサイテッド・エスノグラフィー」『異文化間教育』53：52-74。

内閣府，2021，『令和 3 年版子供・若者白書』(https://www8.cao.go.jp/youth/whitepaper/r03gaiyou/pdf/r03gaiyou.pdf)

永吉希久子，2020，『移民と日本社会——データで読み解く実態と将来像』中央公論新社。

額賀美紗子・芝野淳一・三浦綾希子編，2019，『移民から教育を考える——子どもたちをとりまくグローバル時代の課題』ナカニシヤ出版。

藤田結子，2008，『文化移民——越境する日本の若者とメディア』新曜社。

ボイド，D.，2014，『つながりっぱなしの日常を生きる——ソーシャルメディアが若者にもたらしたもの』（野中モモ訳）草思社。

法務省，2021，「在留外国人統計」(https://www.moj.go.jp/isa/policies/statistics/toukei_ichiran_touroku.html)

間山広朗・中村瑛仁・伊藤秀樹・小野奈生子・紅林伸幸，2018，「教育フィールドワーク研究の到達点——理論・調査法・研究知見の観点から」

『教育社会学研究』103：111-143。

丸山英樹・太田美幸編，2013，『ノンフォーマル教育の可能性——リアルな生活に根ざす教育へ』新評論。

南出吉祥，2015，「『居場所づくり』実践の多様な展開とその特質」『社会文化研究』17：69-90。

元森絵里子，2020，「子どもをどう見るか——20世紀の視角を乗り越える」元森絵里子・南出和余・高橋靖幸編『子どもへの視角——新しい子ども社会研究』新曜社。

文部科学省，2022，「日本語指導が必要な児童生徒の受入状況等に関する調査結果の概要」（https://www.mext.go.jp/content/20221017-mxt_kyokoku-000025305_03.pdf）

山田浩之，2018，「ネット社会と教育——教育は変わるという神話と現実」日本教育社会学会編／稲垣恭子・内田良責任編集『教育社会学のフロンティア2 変容する社会と教育のゆくえ』岩波書店。

外国語文献

Basch, L. G., N. G. Schiller and C. S. Blanc, 1994, *Nations Unbound: Transnational Projects, Postcolonial Predicaments, and Deterritorialized Nation-States*, Routledge.

Dimitriadis, G., 2009, *Performing Identity/Performing Culture: Hip Hop as Text, Pedagogy, and Lived Practice* (Rev. ed.), P. Lang.

Esser, F., M. S. Baader, T. Betz and B. Hungerland, 2016, *Reconceptualising Agency and Childhood: New Perspectives in Childhood Studies*, Routledge.

Ito, M. et al., 2009, *Hanging Out, Messing Around, and Geeking Out: Kids Living and Learning with New Media*, MIT Press.

Maira, S., 2002, *Desis in the House: Indian American Youth Culture in New York City*, Temple University Press.

Orellana, M. F., 2003, "Responsibilities of Children in Latino Immigrant Homes," *New Direction for Youth Development*, 2003 (100)：25-39.

Tokunaga, T., 2018, *Learning to Belong in the World: An Ethnography of Asian American Girls*, Springer.

ともにつくる
教育と社会へ

第 Chapter 12 章

Quiz クイズ

Q12.1 2019 年に改正された「子供の貧困対策に関する大綱」では、教育の支援における施策として何があげられているか。正解をすべて選んでみよう。
a. 学校を地域に開かれたプラットフォームと位置づけること
b. 低所得者世帯の子どもへの大学等の給付型奨学金の実施
c. 特に配慮を要する子どもへの支援

Q12.2 合理的配慮の考え方について明記された、2006 年に国連で採択され、2014 年に日本が批准した条約はどれか。
a. 障害者権利条約　　**b.** 子どもの権利条約
c. 女性差別撤廃条約

Q12.3 研究者が実践者と協働し、課題解決や社会変化を目指して現場の活動に介入するアプローチとは何か。
a. ライフストーリー　　**b.** エスノグラフィー
c. アクションリサーチ

Answer クイズの答え

Q11.1　abc すべて

2019 年に改正された「子供の貧困対策に関する大綱」における教育の支援としては，学校を地域に開かれたプラットフォームとしていくとともに，大学等進学への教育機会の提供や，特に配慮を要する子どもとして障害のある子どもや外国人の子どもへの支援の充実化も明記された。

Q11.2　a

合理的配慮の考え方について明記された条約は，障害者権利条約である。2006 年に国連で採択され，2014 年に日本が批准した。

Q11.3　c

研究者が実践者とともに課題解決や社会変化を目指して現場の活動に介入するアプローチをアクションリサーチという。

Chapter structure　本章の構成

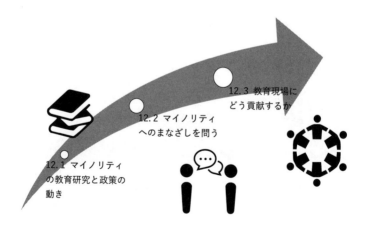

12.1 マイノリティの教育研究と政策の動き

12.2 マイノリティへのまなざしを問う

12.3 教育現場にどう貢献するか

本章の概要

　第 10 章と第 11 章では，マイノリティの子どもが教育と社会から排除されていること，そのなかで子ども・若者が主体的に多様な学びの場を築いていることを学んだ。子どもの実態は理解できたが，このテーマにどうアプローチし，どうかかわっていけばよいのか考えている人もいるだろう。教育社会学を学ぶことで，どのように社会とつながり，教育と社会に貢献できるのか。本章では，マイノリティの子ども・若者へのまなざしを問い直し，どのようにマイノリティとともに公正で包摂的な教育と社会をつくることができるのかについて，参考になる視点や概念，アプローチを紹介しながら考えていく。

1　マイノリティの教育研究と政策の動き

▷　マイノリティの教育研究

　1990年代のバブル崩壊以降，格差や不平等がさらに進むなかで，マイノリティの子ども・若者の教育と社会からの排除が顕在化している。たとえば，経済的理由や外国籍であることなどから，不就学や長期欠席，高校中退になる子どもの課題が指摘されている。

　第10章で紹介したように，教育社会学では，貧困層，障害のある子ども，移民の子どもなど，社会的に不利な立場にある子ども・若者の教育にまなざしを向けてきた。近年の貧困や格差の問題が取り上げられる以前から，関西地方を中心として，同和教育，在日朝鮮人教育，障害児教育の研究も盛んになされている（倉石 2012；志水ほか 2014）。社会経済状況の変化のなかで，特に2000年代からマイノリティの教育に関する研究が増加している。教育社会学会の学会誌である『教育社会学研究』においても，「『格差』に挑む」（2007年），「教育と支援の間で」（2013年），「教育における排除と包摂」（2015年）などの特集テーマが組まれており，その傾向が見てとれる。マイノリティの子どもの教育機会が十分に保障されていないなかで，子どもが抱える教育困難の内実，排除のメカニズム，包摂を目指す学校・教師の支援のあり様など，多くの研究がなされてきた。

　最近では，教育と福祉を接続させ，包摂的な教育の仕組みづくりや制度設計の必要性についても議論されている。学校をプラットフォームとした子どもの貧困対策のように，学校を中心に置き，外

部資源を活用したネットワーク型支援のあり方についても研究が進められている（末冨編 2017）。

マイノリティの子どもをめぐる法制度の動き

　近年，マイノリティの子どもをめぐる教育の法制度にも大きな進展が見られる。子どもの社会的包摂を進めるためには，教員や支援者による個別支援を充実化させるだけでなく，法制度の整備が重要な意義をもつ。ここでは，マイノリティ集団ごとに特徴的な政策の動きを紹介する。

　障害のある子どもに関しては，**インクルーシブ教育★**の世界的な流れのなかで，2007 年に学校教育法が一部改正され，それまでの特殊教育から特別支援教育に変更された。「特別なニーズ」に基づく教育を行い，発達障害も含めて，すべての学校で障害のある子どもの支援を充実化することが求められた。また，2006 年に国連で**合理的配慮**（reasonable accommodation）について明記された障害者権利条約が採択され，日本も 2007 年に署名し，国内法の整備を進め，2014 年に条約を批准した。合理的配慮が法制化されたことで，個人による「思いやり」ではなく，障害者個人のニーズに応じて，過重負担にならない範囲で，社会的障壁を取り除くこと（＝合理的配慮の提供）が義務化された点は大きな意義がある（川島ほか 2016）。学校にも合理的配慮の概念が導入されることで，障害のある子ども1 人ひとりのニーズに応じた支援と環境整備が求められるようになった。

　関連して外国人児童生徒の教育についても，2018 年の「外国人材の受入れ・共生のための総合的対応策」（閣議決定）や 2019 年の「日本語教育の推進に関する法律」の施行を受けて，教育支援の充

実化が進んでいる。2021年の中央教育審議会答申「『令和の日本型学校教育』の構築を目指して」では、「増加する外国人児童生徒等への教育の在り方について」の記述が盛り込まれ、子どもたちを「共生社会の一員として今後の日本を形成する存在」としてとらえ、制度設計を行う必要性が明記された。外国人の子どもの就学促進や就学状況の把握の指針が出され、「特別の教育課程」を編成・実施するなど日本語教育の指導体制も整備されてきている。

　LGBTQ＋の子どもの教育については、文部科学省が2010年に「性同一性障害に係る児童生徒」に配慮した対応を求める通知をし、2015年には「性同一性障害に係る児童生徒に対するきめ細かな対応の実施等について」を通知した。そこでは、広い意味での「性的マイノリティ」の子どもの支援のあり方、人権教育など教職員や生徒の理解を促進する必要性について明記された。

　貧困世帯の子どもについても大きな動きが見られる。2013年に「子どもの貧困対策の推進に関する法律」が成立したことを踏まえて、2014年に「子供の貧困対策に関する大綱」が閣議決定され、子どもの貧困対策の目的や指針が示された。2019年には上記の法律が一部改正され、大綱も改正された。教育の支援では「学校を地域に開かれたプラットフォームと位置づけるとともに、高校進学後の支援の強化や教育費負担の軽減を図る」ことが明記された。社会福祉の専門家であるスクールソーシャルワーカーを学校に配置するなど、学校をプラットフォームとして支援体制を充実化していく方向性が打ち出された（末冨編 2017）。また、高等学校授業料の無償化、大学等給付型奨学金制度などを通し、教育の機会均等が目指されている。

　主に不登校の子どもや夜間中学校等に通う人々など、義務教育を

十分に受ける機会がなかった人の教育保障を推進する法律として，2016 年に公布された「義務教育の段階における普通教育に相当する教育の機会の確保等に関する法律」（教育機会確保法）があげられる。フリースクール関係者や夜間中学校関係者の運動を機に立法化された。この法律の理念として，教育基本法や児童の権利に関する条約等の趣旨を踏まえて，年齢や国籍にかかわらず，すべての人の「教育を受ける権利の保障」が目指されており，「画期的な内容」をもつといわれている（日本学術会議 2020）。

また，教育の振興に関する施策の方針や計画を定めた教育振興基本計画の第 3 期では，1 つの方針として「誰もが社会の担い手となるための学びのセーフティネットを構築する」が設定され，「家庭の経済状況や地理的条件への対応」および「多様なニーズに対応した教育機会の提供」という 2 つの目標が定められた。第Ⅳ部で紹介した，貧困家庭の子ども，障害のある子ども，不登校の子ども，外国人児童生徒など，多様な困難やニーズを抱える子どもの課題を横断的にとらえ，教育機会を保障しようとする姿勢が読みとれる。

対象ごとの法制度がどう関連し合い，包摂的で公正な教育政策づくりが目指されるのか，横断的・包括的な視点での考察が求められているだろう。

2 マイノリティへのまなざしを問う

マイノリティの支援とは

皆さんのなかには，マイノリティの子ども・若者の状況について学ぶなかで，どう子どもたちを支援できるのか，そもそも支援する

ことは可能なのかと疑問に思う人もいるかもしれない。

『教育社会学研究』（第92集，2013年）の特集テーマ「教育と支援の間で」において，支援とは，「主体のニーズをくみ取り，主体が自律的になることを尊重すること」（5頁）と記されている。マイノリティの子ども・若者のニーズを把握し，それに基づいた支援を行えばよいと考えるかもしれない。しかしそこには，**パターナリズム**とよばれる，マイノリティ支援の危うさが隠れている。パターナリズムは父親（pater）を意味するラテン語からきており，家父長的温情主義とも訳される。専門家が「あなたのことは，あなた以上に私が知っています。あなたにとって，何がいちばんいいかを，私が代わって判断してあげましょう」（中西・上野 2003：13）という態度をとることである。マイノリティの教育を事例に考えると，学校の教師や地域の支援者など，権力をもつ側が，保護が必要と認識されている子どもの状態や利益を判断し，支援することがあげられる。もしかすると，そのような支援は，必ずしも子どものニーズをくみとらずに，子どもが自律することを妨げるものかもしれない。特に医療や障害などの領域でその問題性が議論されてきた。教育と社会から排除されやすい子どもほど，「声」や権利が奪われてきたといえる。

そのようななかで，**当事者主権**という概念が参考になる。当事者自身が最もよく自らのニーズを知っており，自らの主権者であることを表明するという考え方である（中西・上野 2003）。無力化されがちなマイノリティ自身が，ニーズや権利を主張するという視点は，マイノリティ支援の文脈でも示唆に富むだろう。ただし，マイノリティの子どもが自らのニーズを知らない，求めていることを言語化できないことも想定される。熊谷晋一郎は，見えにくい障害をもつ

人など当事者によっては自身のニーズが自明でないこともあるため，困りごとを起点として仲間とともに研究を行う**当事者研究**の可能性を唱えている（熊谷 2020）。マイノリティの子どもが自らの困りごとやニーズを可視化するためにも，当事者研究は重要な視点を提示している。当事者と専門家がともに研究をするという点は，後述する参加型アクションリサーチとも通じるだろう。

　続いて，障害者による当事者運動のなかで生まれた，障害の医学モデルと障害の社会モデルという概念を紹介しよう。**医学モデル**は，障害の原因を個人の心身機能の問題ととらえ，障害は個人に宿るとする。そのため，医学的な方法を用い，治療を行うことで，障害を取り除こうとする。自己責任の論理から，当事者が問題を抱えているのは，本人の責任であるととらえてしまう危険性がある。一方で，**社会モデル**は，障害が生まれるのは，障害者のニーズに配慮しない社会が原因であるとみなす。健常者にとって都合のよい社会の仕組みが歴史的に形成されており，それに適合できない障害者を包摂するために，社会のほうを是正していく方向性をとる。この概念は，障害者だけでなく，移民の子ども，LGBTQ＋の子どもなど，多様なマイノリティの子どもが直面する障壁や困難のとらえ方や支援のあり方を考えるうえで多くのヒントを与えてくれるだろう。

▷　欠如の視点からストレングスアプローチへ

　私たちの社会は，マイノリティの子ども・若者の「問題」にまつわる言葉であふれている。「精神的に未熟である」「コミュニケーション能力が不足している」「親が教育に熱心ではない」「やる気がない」など，いくつも思い浮かぶのではないか。ネガティブに語る言葉は多くある一方で，子ども・若者がもつ豊かさを表現する言葉

はどのぐらいあるのだろうか。教育社会学の研究においても，格差や不平等が進み，社会から排除される子どもの状況を考察するなかで，子どもの「困難」や「苦労」，「生きづらさ」に焦点をあてて研究する場合が多い。もちろんその視点が重要であることは理解しつつも（→第10章），子どもの生を肯定的に認識する視点や概念もより求められているのではないだろうか。ここではアメリカのマイノリティ研究を紹介しつつ，皆さんと考えてみたい。

アメリカでは，長い間，貧困層やマイノリティの子どもが学校での成績が低いのは，本人や家族に原因があるととらえる，**欠如**（deficit）の視点が強かった。特にアフリカ系アメリカ人の生徒の学業達成を考察した研究の多くは，当該生徒を「落ちこぼれ」「不利な状況に置かれた」「低学力」などの言葉で示し，かれらの親の教育意識，家庭内での言語，親の教育へのかかわり方の欠如が問題であると指摘していた（Ladson-Billings 2021：2）。アメリカの多文化教育や批判的人種理論を研究するG.ラドソン゠ビリングスは，このような欠如のまなざしに異議を唱え，アフリカ系アメリカ人の学業的成功に焦点をあて，異なる問いかけをすることの重要性を唱える。彼女は，1980年代後半からアフリカ系アメリカ人が多く，低所得者層が主に通う小学校で優秀な教師を対象とした調査を実施し，**文化的に適切な教育**（culturally relevant pedagogy）という理論を構築した。この理論の3つの要素は，①児童生徒の学び，②文化的コンピテンス，③批判的意識である。子どもの文化や生きられた経験を尊重し，それらを教育に活かすことで，子どもの知的・社会的・精神的・政治的**エンパワメント**★につながるという。彼女が提唱する「貧困の文化ではなく，文化の貧困である」という視点は，特に教師によるマイノリティの子どもへのまなざしの転換を促し，より広

い視点から**文化**を理解する必要性を示唆している（Ladson-Billings 2021）。ほかにも，文化を内側から理解するエスノグラフィーのアプローチから，低所得者層の子どもや家族が有する知識や資源，経験を**知識の蓄積**（funds of knowledge）（González et al. 2005）としてとらえ，学校の授業やカリキュラムなどに活かす研究・実践も多く見られる。

　マイノリティの子どもが本来もつ資源や能力などのストレングス（強み）をとらえ，それらを支援に活かす**ストレングスアプローチ**は，地域におけるマイノリティの教育支援の文脈でもよく見られる。アメリカでは，ストレングスアプローチから，地域に根差して子ども・若者の教育支援を担う団体（community-based organization：CBO）が数多くある（McLaughlin 2000）。たとえば，低所得者層の移民の子ども・若者を対象として，子どもがもつ文化や言語，知識などを尊重し，それらを引き出し，伸ばすなかで，子どものエンパワメントやアイデンティティ形成を行っている（德永 2021）。

　日本国内にも，関西を中心として発展してきた在日韓国・朝鮮人教育，同和教育，人権教育など，公正の視点を重視する実践・政策・研究の蓄積がある。特に大阪では，反差別や人権尊重の理念をもとに，地域とのつながりのなかでマイノリティの子どもの文化的・言語的背景やアイデンティティを肯定し，学力保障や進路保障をする豊かな実践や研究が展開されてきた（髙谷 2022；志水ほか 2014）。これらの取り組みについても学びつつ，ストレングスアプローチから国内のマイノリティの子どもに関する研究や支援のあり方をとらえなおすと，何が見えてくるだろうか。

3　教育現場にどう貢献するか

▷　現場に根差す研究 ── 教育臨床社会学

　もともと教育社会学は，規範的な教育学と距離を置き，社会学的アプローチから分析をし，実態解明をする事実学的側面が強かった。しかし，社会学と教育学の両方に足場を置き，今日，社会から実践的な要請も求められるなかで，「対象を客観化して分析的にアプローチする観点」と「実践的，規範的な関心に基づいて現場にアプローチする観点」のはざまで独自の立ち位置をつくっている（酒井2018：101）。

　教育社会学は，マイノリティの子どもが学ぶ教育現場とどう向き合い，かかわってきたのか。酒井朗は，教育現場とのレリバンスのズレと参加の度合いを2つの軸として，教育社会学の研究を3つのタイプに分類している。①研究者が自らの理論的関心から現場に入る「理論志向的研究」，②現場に積極的に参加しながら，問題関心を共有する「臨床的研究」，③現場への参加の度合いは低いが，現場の関心がある問題を扱い，数値データを分析し，知見を発信していく「エビデンス提供型研究」である（酒井2018）。マイノリティ研究においては，どのタイプの研究も実施されており，タイプ間の重なり合いもあるが，ここでは特に近年着目されている「臨床的研究」の意義について考えていきたい。

　1990年代半ばから「学校臨床社会学」や「教育臨床社会学」など，教育現場が抱える課題に対して，臨床的なスタンスで社会学的にアプローチする分野が発展してきた（苅谷・志水編 2003；酒井

2014)。「臨床」の視点は，「研究者が教育の現場に立ち会おうとする姿勢」「研究と実践という二元論的な世界観を相対化していくこと」「対象の観察の仕方についての捉えなおし」など（酒井 2014：31)，これまでの対象者を客体化・客観化する研究のあり方に問い直しを迫る。

　マイノリティの子どもをめぐる教育課題が多く生じているなかで，「臨床」の視点から教育現場に貢献することが強く求められている。教育臨床社会学では，研究者がマイノリティの子ども・若者が学ぶ現場に寄り添い，教師や実践者とかかわり，ともに課題解決することを目指す。その方法論としては，エスノグラフィー（→第11章），言説分析，アクションリサーチの3つが提唱されている（酒井 2014)。教育臨床社会学のアプローチから展開された研究として，たとえば酒井は，多様な背景・属性をもつ生徒が学ぶ商業高校において，教師や大学生・大学院生と協働して進路選択支援活動のアクションリサーチを行っている（酒井 2007)。また，清水睦美は，臨床的アプローチから，外国人生徒が多く在籍する公立中学校において学校文化の変革を試み，子どもたちによる自治的運営組織の可能性について考察している（清水 2006)。

▷　**当事者とともに行う研究 —— 参加型アクションリサーチ**

　皆さんは，マイノリティの子どもの支援の場や研究における専門家という言葉を聞いて，誰を思い浮かべるだろうか。研究者やソーシャルワーカーや医師など，資格や権威をもつ人々を想像するのではないか。**参加型アクションリサーチ**（participatory action research：PAR）は，この専門家の概念自体に問い直しを迫り，これまで対象者として客体化されてきた当事者こそが，日常的な経験を通して課

題をよく知る専門家であり，「知」や実践をともに創造する「パートナー」であるととらえる。PAR 研究者は，民主的な「知」の産出を念頭に，研究プロセスのすべての段階で当事者と協働し，より倫理的で公正な研究を実施し，状況改善や社会変革を目指す（Cammarota and Fine eds. 2008；武田 2015）。

　参加型アクションリサーチの発展に影響を与えたのが，ブラジルの教育思想家の **P. フレイレ**である。フレイレは，教師から生徒に一方的に知識を詰め込み，抑圧のツールにもなりうる**銀行型教育**を批判し，教師と生徒の対等な関係での対話を重視し，解放を目指す**問題解決型教育**を提唱した（フレイレ 2018）。フレイレは，被抑圧者が自身の置かれている抑圧構造を自覚し，解放のために戦い，主体的に自らの人生を切り開いていく重要性を指摘する。このフレイレの批判的意識化や解放教育の影響から，参加型アクションリサーチでは，社会から排除・抑圧されてきた人々が研究に参加することが多く，参加者が日常的に直面する課題を認識し，改善のための知識やスキルを習得するエンパワメントのプロセスが重視される。

　マイノリティと教育の分野では，マイノリティの若者のエンパワメントにも寄与するアプローチとして，**若者参加型アクションリサーチ**（youth participatory action research：YPAR）が着目されている（Cammarota and Fine eds. 2008）。若者は，対象とする「問題」を生きる当事者としての生きられた経験や「知」をもつととらえ，大人の研究者がサポートしながらともに研究を進めていく。特に，2010 年ごろからアメリカを中心として発展しており，学校内外の実践の場でも導入されており，子どもの社会問題や不平等についての意識や自己肯定感の向上，リーダーシップスキルの習得など，当事者への効果も報告されている。

YPAR は，教育現場や子ども・若者への貢献が大きいアプローチではあるが，他方で大人と子ども・若者の間の権力性の問題が議論されている。「協働」や「参加」という名目で，大人が有する権力が抑圧的・強制的に行使されないよう，「権力の共有」が試みられる（Rodriguez and Brown 2009）。大人と子ども，日本人と外国人，健常者と障害者，男性と女性など，研究や実践の場において生じる権力関係の複雑性をどう認識し，どのように対等な関係性を構築できるのだろうか。その課題や難しさも含めて，常に考えていくべき点であろう。

　第Ⅳ部を通して，マイノリティの視点から見えてきた教育と社会について，皆さんは何を思い，何に気づき，何を考えただろうか。このテーマを理解する視点や概念，方法論を学んだうえで，それらを子どもの教育や研究にどのように活かすことができるだろうか。多様性と包摂性が重視されるなかで，1 人ひとりの居場所がある教育と社会をどう築くことができるのか，ともに考えていきたい。

Exercise　演習問題

　あなたは教育社会学を専門とする研究者である。A 高校から，学校の支援体制づくりにかかわってほしいという相談があった。A 高校は，貧困家庭の子どもや移民の子どもなど，多様な背景や属性をもつ生徒が多く在籍している。さまざまな要因から高校を中退する生徒が多く，進路未決定率も高いため，生徒の教育保障・進路保障を進めるべく包括的な支援体制をつくろうとしている。本章で学んだことも参考にしながら，どのような立場で，どのようなアプローチや視点を用いて，高校現場とかかわったらよいか考えてみよう。

Book guide 読書案内

・末冨芳編，2017，『子どもの貧困対策と教育支援──より良い政策・連携・協働のために』明石書店

　　子どもの貧困対策に第一線でかかわる研究者や実践者，当事者が，その課題や有効なアプローチを紹介し，ネットワークづくりをよびかけている。

・酒井朗，2014，『教育臨床社会学の可能性』勁草書房

　　教育社会学はどのように教育現場に貢献できるのかについて，教育臨床社会学の概念やさまざまな事例が紹介されている。特に臨床的な研究に取り組みたい人は多くの示唆を得られるだろう。

・P. フレイレ，2018，『被抑圧者の教育学──50周年記念版』（三砂ちづる訳）亜紀書房

　　ブラジルの教育思想家の P. フレイレの代表作。抑圧構造への抵抗や解放，対話の重要性などを学べる，教育学の名著。

Bibliography 参考文献

日本語文献

苅谷剛彦・志水宏吉編，2003，『学校臨床社会学──「教育問題」をどう考えるか』放送大学教育振興会。

川島聡・飯野由里子・西倉実季・星加良司，2016，『合理的配慮──対話を開く，対話が拓く』有斐閣。

熊谷晋一郎，2020，『当事者研究──等身大の「わたし」の発見と回復』岩波書店。

倉石一郎，2012，「包摂／排除論からよみとく日本のマイノリティ教育──在日朝鮮人教育・障害児教育・同和教育をめぐって」稲垣恭子編『教育における包摂と排除──もうひとつの若者論』明石書店。

酒井朗，2007，『進学支援の教育臨床社会学──商業高校におけるアクションリサーチ』勁草書房。

酒井朗，2014，『教育臨床社会学の可能性』勁草書房。

酒井朗，2018，「教育社会学と教育現場──新自由主義の下での関係の模索」日本教育社会学会編／本田由紀・中村高康責任編集『教育社会学のフロンティア1　学問としての展開と課題』岩波書店。

志水宏吉・高田一宏・堀家由妃代・山本晃輔，2014，「マイノリティと教

育」『教育社会学研究』95：133-170。

清水睦美，2006，『ニューカマーの子どもたち――学校と家族の間の日常世
　界』勁草書房。

末冨芳編，2017，『子どもの貧困対策と教育支援――より良い政策・連携・
　協働のために』明石書店。

髙谷幸，2022，『多文化共生の実験室――大阪から考える』青弓社。

武田丈，2015，『参加型アクションリサーチ（CBPR）の理論と実践――社
　会変革のための研究方法論』世界思想社。

徳永智子，2021，「アメリカの NPO による中国系移民の教育支援――スト
　レングス・アプローチから」恒吉僚子・額賀美紗子編『新グローバル時代
　に挑む日本の教育――多文化社会を考える比較教育学の視座』東京大学出
　版会。

中野正гг・上野千鶴子，2003，『当事者主権』岩波書店。

中村雄二郎，1992，『臨床の知とは何か』岩波書店。

日本学術会議（心理学・教育学委員会排除・包摂と教育分科会），2020，
　「すべての人に無償の普通教育を――多様な市民の教育システムへの包摂
　に向けて」(https://www.scj.go.jp/ja/info/kohyo/pdf/kohyo-24-t295-2.pdf)

フレイレ，P.，2018，『被抑圧者の教育学――50 周年記念版』（三砂ちづる
　訳）亜紀書房。

外国語文献

Cammarota, J. and M. Fine eds., 2008, *Revolutionizing Education: Youth
　Participatory Action Research in Motion*, Routledge.

González, N., L. C. Moll and C. Amanti, 2005, *Funds of Knowledge: Theoriz-
　ing Practices in Households, Communities, and Classrooms*, Routledge.

Ladson-Billings, G., 2021, *Culturally Relevant Pedagogy: Asking a Different
　Question*, Teachers College Press.

McLaughlin, M., 2000, *Community Counts: How Youth Organizations Mat-
　ter for Youth Development*, Public Education Network, Washington, D.C.
　(http://publiceducation.issuelab.org/resource/community_counts_how_
　youth_organizations_matter_for_youth_development)

Rodriguez, L. F. and T. M. Brown, 2009, From Voice to Agency: Guiding Prin-
　ciples for Participatory Action Research with Youth, *New Directions for
　Youth Development*, 2009 (123)：19-34.

キーワード解説

アイデンティティ　→第11章

　アイデンティティは，自分が何者かという自己理解のことを指し，社会との関係の中でとらえる必要がある。生まれもった固定的なものではなく，他者との相互作用を通して常に移り変わるものである。S. ホールは，アイデンティティとは，さまざまな言説の中で生み出される多様なもので，自分が何者になっていくかというプロセスとしてとらえることの重要性を提唱している。

アドボカシー　→第12章

　権利を侵害されている人々は，自らのニーズを主張することは難しい。アドボカシーとは，当事者に代わり，マイノリティの権利を擁護し，声をあげていくことを指す。個人の権利を擁護する活動をケースアドボカシーといい，政策提言など制度や政策の改善のために働きかける活動のことをシステムアドボカシーという。

意図せざる結果　→第8章

　ある意図をもってなされた行為が，その意図とは異なるまたは正反対の結果をもたらす現象を，R. K. マートンは，行為の「意図せざる結果」とよんだ。行為の結果が意図どおりであれば「顕在的機能」をもつといえるが，「意図せざる結果」は「潜在的機能」の状態にあると表現できる。その機能が当の個人や集団，社会にとって正の作用をもつ場合には「順機能」であり，負の作用をもつ場合には「逆機能」である。

インクルーシブ教育　→第10章

　教育と社会から周辺化される人々を包摂し，1人ひとりの特別なニーズ

に応じた教育を提供することを目指す。特に，障害児と障害のない子どもが同じ場で共に学べるよう，学校や教員が障害児のニーズに対応し，環境を調整することが求められる。1994年にユネスコが開催した「特別なニーズ教育に関する世界会議」で採択された「サラマンカ宣言」により，この考え方が普及した。

ウェルビーイング　→第6章

1946年の世界保健機構（WHO）憲章草案に登場した健康に関する定義のなかで，健康とは，病気でないとか，弱っていないということではなく，肉体的にも，精神的にも，社会的にもすべてが満たされた状態（Well-being）であるとされたことに始まる。社会福祉の重要概念であるウェルビーイングは，権利の主体者であることや，個人の尊厳，自己実現，自分らしく生きることを強調する。

エビデンス　→第7章

「（科学的）根拠」と訳される。通常は，数量的なデータを指すことが多い。ただし，単なるデータということではなく，「根拠」という意味のとおり，何らかの施策やアクションを展開する際の客観的な根拠という意味合いが強い。É. デュルケームのいう「教育の科学」を遂行するにあたって，エビデンスは重要な役割をはたす。

エンパワメント　→第12章

社会で不利な立場に置かれた人々が，重要な資源にアクセスし，それらをコントロールする力を高めていくプロセスとその結果のこと。マイノリティに抑圧的な社会を問題視し，マイノリティが潜在的にもつ能力や可能性を発揮し，対等に参加できる社会のあり方が目指される。

学習指導要領　→第1章

日本では，学習指導要領およびそれに基づいた教科書や入学試験などで教育内容の標準化が行われている。国によって，学校教育の内容がどの程度，標準化されているかは大きく異なるものの，日本の学習指導要領

は1947年以来，改訂されながら施行されている。最新のものは文部科学省のウェブサイトで，過去からのものはすべて国立教育政策研究所のウェブサイトで見ることができる。

家族主義　→第6章

G. エスピン゠アンデルセンの福祉レジーム論における概念で，育児や介護といったケアを含む福祉の主要な責任は，家族が負うべきとする前提に立つものである。国家からの給付や市場からの供給によって家族の負担を軽減し，親族に対する個人の福祉依存を少なくしようとするレジームを「脱家族化」という。

学校化　→第9章

「学校化」の概念により，I. イリイチは，近代の学校教育制度を批判的に論じた。イリイチによると，本来「学び」とは本人の必要に応じて，自律的かつ創造的に進められるべきである。ところが，学校制度のもとでは，既存の知識が教師から一方的に子どもに伝えられることとなり，学びは受動的なものとなる。

感情管理　→第9章

感情社会学の第一人者であるA. R. ホックシールドが，E. ゴッフマンのドラマトゥルギー論に依拠して提示した概念である。人々は秩序維持のために表面的な印象を操作するのみにとどまらず，その場に適切なように，感情を抑制したり誘発させたりすることで，自身の感情を管理する。

規範（社会的規範）　→第1章

ある社会の秩序は，正統性を社会的に認められた権威とそれを支える規範によって維持されている。つまり，社会の秩序は構成員が規範を守ることによって維持される。社会学や人類学では，法律などの明示された規則だけでなく，その社会の秩序維持のために保持されている目に見えない規範にも注目する。

規律訓練　→第 9 章

　M. フーコーが定式化した概念で，近代社会における権力行使の方法を指す。学校は，規律訓練がほどこされる代表的な空間である。「一望監視施設」（パノプティコン）のようにして，子どもは教師からつねに監視されるなかで，子ども 1 人ひとりの内面に規範が植えつけられ，みずからを管理する「主体」が誕生する。

近代　→第 2 章

　経済面での産業革命と政治面での民主主義の導入により，移動可能性（モビリティ）が高まった社会。社会学だけでなく，経済学，政治学などの現代の社会科学は近代社会を前提とする。社会理論研究者の間では，21 世紀前半の社会は後期近代にあるとされており，その特質の体系的説明としてはドイツの社会学者 H. ローザの『加速する社会』に詳しい。

グローバル化（グローバリゼーション）　→第 3 章

　グローバル化とは，globe（球体，地球）を原義として，地球全体で起こる社会変容に注目するものである。特に，近代以降は，近代の国民国家を超えた社会変容を指す。グローバル化が教育に及ぼす影響として代表的なものとして，国民国家を超えた移動の増加とそれによる葛藤の増加がある。また，多国籍企業の活動がもたらす産業の変化が学校教育の前提条件を次々に変容させている。

公的領域／私的領域　→第 5 章

　公的領域は，生産，労働，政治といった活動が行われる領域であり，私的領域は，性，生殖，ケア，消費といった活動が行われる領域を指す。男性を前者に，女性を後者に振り分ける公私二元論は，公的領域から女性を排除し，性による不均衡な力関係を生み出すものとして，フェミニズムの批判の対象とされてきた。

再帰性　→第 4 章

　イギリスの社会学者 A. ギデンズの後期近代論における鍵概念で，reflexivity の訳語である。制度や自己アイデンティティは，新たな情報や知識に照らしてたえず見直し続けることが求められる。再帰性が個人に浸透したことが近代社会の特徴であり，「伝統」というだけでは正当化できずにその根拠が求められたり，自分探しが強調されることも再帰性の問題として考えらえる。

実証研究　→第 2 章

É. デュルケームの『社会学的方法の規準』において，社会を物のように見ることが提唱されており，これが社会学の見方の基本となっている。デュルケームは，この立場から，各国の自殺者数を比較し，要因を分析する『自殺論』を執筆した。一方で，社会学では，実証研究を行いながらも実証主義の考え方を批判的にとらえる批判的実在論も重要な立場として存在する。

シティズンシップ教育　→第 12 章

社会の構成員として，市民が身に着けるべき，社会参画していく資質・能力を育成する教育のことを指す。グローバル化や多文化化の進展のなかで，国民国家への帰属という枠組みが揺らぎ，1990 年代以降欧米諸国を中心にシティズンシップ教育のあり方が議論されている。日本でも 2016 年に選挙権が 18 歳以上に引き下げられ，主権者教育の役割が着目されている。

資本　→第 3 章

資本は，フローとストックの違いでいえば，ストックのほうを指す。「ある時点で所有されている財産」が原義では資本である。教育社会学や社会学では，この財産としての資本の概念を拡張し，分類して応用する。一般的に語られる資本を経済資本と位置づけたうえで，貨幣的価値に代わりうる文化的なものを文化資本，貨幣的価値に代わりうる人間関係を社会関係資本としてとらえる。

社会問題の構築　→第8章

人々が「問題」だと認識している現象について，それが「問題」である とつくりあげられていくプロセスに着目する。教育領域で重要な問題や 課題とされてきた，「いじめ」「不登校」「体罰」などはいずれも，それ が本当に起きているかどうかとは別に，組織や個人によるクレイム申し 立て活動を通じて人々の目に「問題」と映るようになってきたことが強 調される。

職業／産業　→第2章

職業とは，本人が仕事として行っている内容を指し，産業とは，本人が 仕事を行う組織全体で行っている内容を指す。自動車製造会社で経理の 仕事をしていると，職業は経理，産業は自動車製造である。ヨーロッパ では，職業が本人の社会的位置の決定において重要な役割を果たしてき たのに対して，日本では，所属する企業や官公庁などの組織の規模が本 人の社会的位置の決定に重要な役割を果たしてきたという違いがある。

人種／レイシズム　→第10章

人種とは，かつては皮膚の色など生物学的な特徴に基づく属性と説明さ れてきたが，現代では社会的・文化的につくられた概念として認識され ている。人種は生物学的な実体をもたないものだが，社会には特定の集 団に優劣がつけられ，劣等とされた側を排除・差別していく構造がある。 教育や医療，政治，司法などさまざまな領域において，人種に基づく構 造的・制度的・個人的差別があり，それをレイシズムとよぶ。

心理主義　→第7章

今日私たちが人の行為を理解するうえで，「心」のありようは重大な関 心事となっている。こうした傾向は「心理主義（化）」や「心理学化」 「心主義」と言い表される。とりわけ社会学の分野からは，それが問題 の個人化や内面管理の徹底を生むものとして，批判がくわえられてきた。

スティグマ　→第 6 章

奴隷や犯罪者などを区別するために身体に刻印されたしるしを意味する
ギリシャ語に由来する。E. ゴッフマンの『スティグマの社会学』では,
身体的特徴や性的指向, 人種や民族などもスティグマとして分類され
ているが, これらは個人の属性ではなく関係的な概念である。ある社会の
中での望ましくない違いに基づいて, スティグマを負った人への敵意が
正当化されることにより, 差別や排除が生み出されるという相互行為上
の現象を指している。

多文化教育　→第 10 章

1950 年代から 1960 年代のアメリカの公民権運動をきっかけとして生ま
れ, 人種や民族, 文化的背景などにかかわらず, すべての子どもに平等
で公正な教育を提供することを目指す教育理念・実践・運動である。社
会や学校の多様な文化を反映するよう, 多様性を尊重した学校全体の改
革を試みる。日本でも, 多文化共生の教育として, さまざまな実践が広
がっている。

中等教育と高等教育　→第 1 章

日本の行政上の用語としては, 中等教育は中学校と高等学校（高校）の
段階を指し, 中学校を前期中等教育, 高等学校を後期中等教育ともいう。
高校卒業より上の教育機関を高等教育機関と総称する。元来, 中等教育
での進路の分化過程による多様化が教育社会学の重要課題となってきた
ものの, 高学歴化が進んだ現在では, この問題がそのまま高等教育に移
行しつつある。

トラッキング　→第 5 章

陸上競技のトラックになぞらえて進路選択をとらえる概念である。もと
もとは, アメリカの総合制ハイスクールにおける, 生徒の関心や能力に
応じた科目選択による学内でのグルーピングを対象にしていたが, 日本
では高校における階層構造を扱う研究が多い。進学する高校によって進
路選択の機会や範囲が異なる背景として, 入学時の学力や社会階層と

いったインプット要因を増幅するような学校内部過程（教授方法や生徒文化など）の存在が指摘されてきた。

ノンフォーマル教育　→第11章

正規の学校教育外で，意図的かつ組織的に行われる教育のこと。正規の学校で実施されるフォーマル教育の代替や補完をする場合も多い。特に，国際機関や途上国で頻繁に使われる用語である。生涯を通じた多様な学びのあり方を考えるうえでも，示唆的である。

標本調査とランダムサンプリング　→第3章

社会学的な統計研究では，データを集めて，社会のありようを推測することに強い関心がある。そのため，標本調査を行う際には，母集団である社会を推測するのに適切な標本を集めることが求められる。この時に用いられている考え方が，ランダムサンプリングで，ここでいうランダムとはでたらめではなく，「母集団から標本に選ばれる確率が等しいこと」が重要な方法論的基準となっている。

ポジショナリティ（位置性）　→第11章

フェミニズムやポストコロニアリズムの影響のなかで，自己と他者との権力関係を問題化し，個人の社会における特定の立場を問う概念である。たとえば，調査者は，透明な存在ではなく，国籍やジェンダー，階層など，特定の立場から調査対象者を見て，関わっている。調査者が，どの立場から，どのように対象をまなざしているのかを分析する重要性がいわれている。

ホワイトカラー／ブルーカラー　→第4章

肉体労働を主とするブルーカラーと，オフィスでの事務的・知的な労働を主とするホワイトカラーという職業分類の1つである。カラー（collar）は襟のことであり，それぞれの労働者が着用していた服の色に由来している。教育社会学では，階級を把握するための指標として用いられることがある。

ラベリング　→第 8 章

H. S. ベッカーが提唱した概念で,「レイベリング」とよばれることもある。ベッカーは, 社会集団が何らかの規則を設け,「逸脱」という見方を特定の人々に適用するプロセスに注目した。個人の属性に逸脱の原因を求めるのではなく, 他者との相互作用を通して「逸脱」が生み出されていくという説明は, 非行や犯罪のとらえ方に劇的な転換をもたらした。

ラポール／オーバーラポール　→第 4 章

ラポールとは, 社会調査を実施する調査者と対象者の間の良好な関係性のことであり, 特にフィールドワークなどの質的調査において求められる。これがなければ, 調査の継続や良質なデータの収集が困難になる一方で, 対象者や対象となる社会に一体化してしまうオーバーラポール状態も, 社会調査の客観性を損なうものとされている。

量的研究／質的研究　→第 7 章

量的研究とは, アンケート調査に代表されるような, 調べたい対象を数量的に理解する方法を指す。一方で, 質的研究とは, インタビューやエスノグラフィーに代表されるような, 調べたい対象を個別具体的に深く理解する方法を指す。それぞれに特長があり, 調査の目的や調査対象の特性に応じて, 研究方法が選択されたり, また併用されたりする。

冷却／加熱　→第 5 章

人々を適切な社会的地位へと配分していくためには, より多くの人が競争に参加するために野心を加熱(ウォーミングアップ)することが必要である一方, 競争が過激化しないように, そして, 競争に敗れた者が納得するように野心を冷却(クーリングアウト)する必要もある。日本の選抜システムは, 加熱→冷却だけでなく, 冷却後の再加熱が生じる点が特徴とされている。

索　引

事 項 索 引

人名索引

【y-knot】
これからの教育社会学
Towards a New Sociology of Education

2023 年 1 月 20 日 初版第 1 刷発行

著　者	相澤真一・伊佐夏実・内田良・徳永智子
発行者	江草貞治
発行所	株式会社有斐閣
	〒101-0051 東京都千代田区神田神保町 2-17
	http://www.yuhikaku.co.jp/
装　丁	高野美緒子
印　刷	株式会社精興社
製　本	牧製本印刷株式会社
装丁印刷	株式会社亨有堂印刷所

落丁・乱丁本はお取替えいたします。定価はカバーに表示してあります。
©2023, Shinichi Aizawa, Natsumi Isa, Ryo Uchida, Tomoko Tokunaga.
Printed in Japan ISBN 978-4-641-20003-6